广药故事

广药故事

第 1 辑 红色广药

传奇四百年 爱心满人间

广药集团企业文化建设委员会 编

GUANGYAO GUSHI
Chuanqi Sibainian Aixin Manrenjian

◎

广东旅游出版社
GUANGDONG TRAVEL & TOURISM PRESS
悦读书 · 悦旅行 · 悦享人生
中国 · 广州

图书在版编目（CIP）数据

广药故事：传奇四百年，爱心满人间．1，红色广药／广药集团企业文化建设委员会编．— 广州：广东旅游出版社，2016.12（2022.5重印）

ISBN 978-7-5570-0640-2

Ⅰ．①广… Ⅱ．①广… Ⅲ．①制药工业－企业集团－企业文化－广州 Ⅳ．① F426.7

中国版本图书馆 CIP 数据核字（2016）第 254325 号

出 版 人：刘志松
责任编辑：林伊晴
封面设计：艾颖琛
内文设计：邓传志
责任编辑：冼志良
责任校对：李瑞苑

广药故事：传奇四百年，爱心满人间（第 1 辑 红色广药）
GUANGYAO GUSHI:CHUANQI SIBAINIAN,AIXIN MANRENJIAN(DI YI JI HONGSE GUANGYAO)

广东旅游出版社出版发行
（广州市荔湾区沙面北街 71 号首、二层　邮编：510130）
邮购电话：020-87348243
佛山家联印刷有限公司印刷
（佛山市南海区桂城街道三山新城科能路 10 号自编 4 号楼三层之一）
889 毫米×1194 毫米　32 开　5.75 印张　104 千字
2016 年 12 月第 1 版　2022 年 5 月第 3 次印刷
印数：14001-24000 套
总定价（全三册）：138.00 元

广药故事

邓铁涛 题

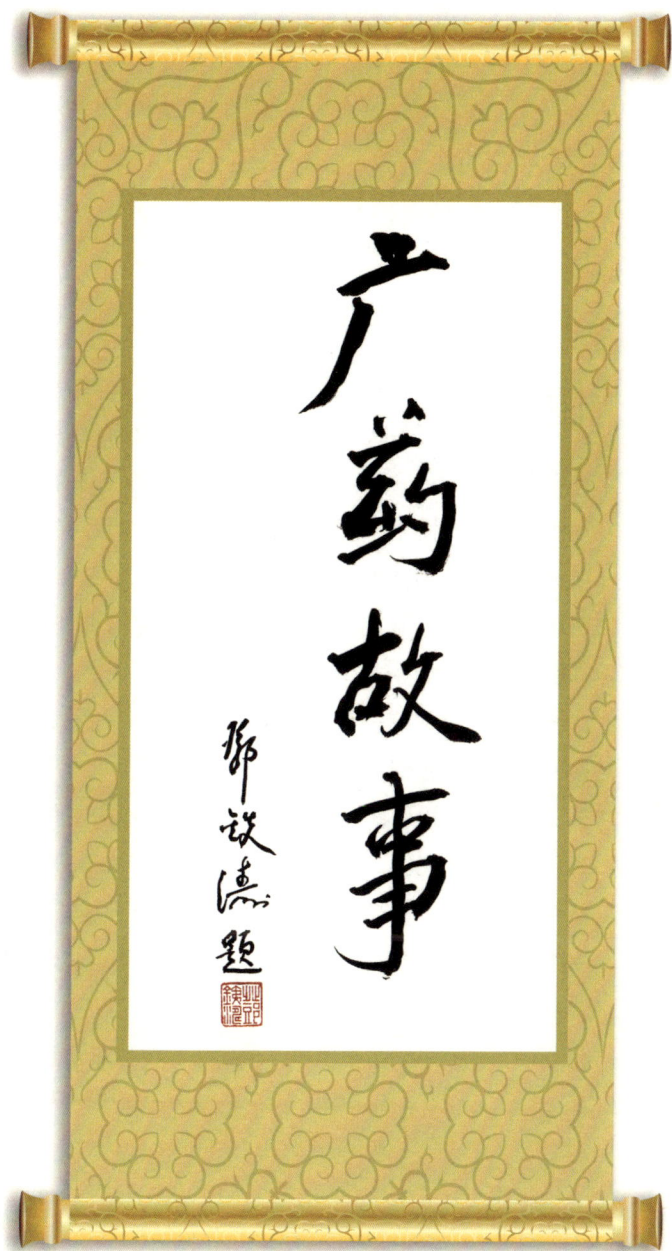

博大精深的中医中药是中国文化的重要组成部分。中华民族得以繁衍至今，中医中药厥功至伟！从神农尝百草到黄帝传内经，从伊尹创醪醴、扁鹊著难经至汉张仲景集医术大成，后世有规可循；唐孙真人大医精诚作千金，明李时珍殚精竭虑修本草。千百年来，中医中药得以长盛不衰，除了中医人的不懈努力外，还有许许多多的医药企业作为很好的载体创新发展，而广药集团就是其中的佼佼者。广药集团旗下拥有多家百年老字号，包括"陈李济""敬修堂""潘高寿""王老吉"等，以及众多知名品牌医药企业，富有深厚的文化底蕴，其历史悠久，名方、好药众多，也有甚多值得传颂的好故事。此次，广药集团将企业的好故事整理成篇，让更多人了解其红色历史、百年老店及发展历程，这个很好。我从小在广州龙津东路长大，从前那里医馆云集、老药号众多，有很多广药集团旗下的牌子，我是非常熟悉的。

广东的中医药事业发展得很好，广药集团是个很好的品牌，也做出了突出的贡献，特别是在非典期间，在面对灾难的时候，企业仍坚持生产好药、热心公益，实属难得！

中医药是中华民族的国粹之一，随着中医药的发展被纳入国家发展战略规划，广药集团将迎来更多的机遇。

一个优秀的企业，一定是有故事的企业；一个优质的品牌，也一定是有故事的品牌。愿广药集团不断创新，不断超越，越办越好。

是为序。

国医大师 禤国维

2016 年 12 月

中国人民有爱听故事的传统，中国文化有善讲故事的传统。五千年来，故事作为一种承载文明的载体纽带，早已深深刻入中华民族的集体意识中。党的十八大以来，习近平总书记在多种场合以故事讲发展、谈励志、说警示、论情怀，并明确要求"讲好中国故事，传播好中国声音"。捧在读者诸君手中的《广药故事》，就是广药集团响应中央号召，奉献给这个伟大时代的一份心意。

诚然，在互联网时代开讲传统故事，需要极大的勇气。广药的勇气，源于自身高度的文化自觉和自信。广药，从故事中创始，明万历二十八年（1600年），广东医士李升佐因拾金不昧结识商人陈体全，两人合伙创出世界最长寿药厂也是广药旗下历史最早的企业——"陈李济"；广药，在故事中砥砺，历经四个多世纪的沧桑，广药旗下现有中华老字号企业12家，包括被誉为"凉茶始祖"、品牌价值高达1080亿元的"王老吉"，其中超过百年历史的有10家，再加上后

续进入广药的数十个企业和品牌，家家都有"一大箩"精彩故事，这些故事串起来，就是一棵神奇的岭南医药文明"故事树"；广药，又由故事中丰收，好的故事成为企业发展的催化剂，经过一代代听惯广药故事的员工持续奋斗，如今广药已连续多年跃居中国制药工业百强榜首，成为全球首家以中药为主业进入世界 500 强的企业。

毋庸置疑，广药好故事，是广药珍贵的传家宝，是一笔巨大的国有无形资产，每一个广药人都负有为之保值增值的义务。为此，广药集团将"讲好广药故事"视为企业文化建设的最大特色，我们除了发动公开征集故事活动，还举办员工讲故事大赛，推动好故事出书、上墙报、登报、联网。如今，广药集团人人以故事自豪，人人可讲故事，通过讲好广药故事，振奋自身，感染他人，传递爱心。故事文化，成了广药在现代企业文化之林中一道亮丽的风景线。

所谓故事，就是通过叙述的方式讲一个带有寓意的事件。广药故事曲折情节、精彩叙述的背后，都有一个鲜明的寓意——爱心满人间。读广药故事，你会强烈地感受到：广药人以"爱心满人间"为企业愿景，始终秉承"合作济世，诚实奉献，勤奋创新"的核心价值观，以"关爱生命，追求卓越"为使命，长期持续地传承、创新、超越。《广药故事》百篇，一言以蔽之，曰：传奇四百年，爱心满人间。

　　求木之长者，必固其根本；欲流之远者，必浚其泉源。广药得以传奇世间，全在其所公认的亦是独有的三大基因，一是"红色基因"，诞生于广州这片中国近代与现代革命策源地的广药，始终与"红色血脉"紧紧相连，培育了中国共产党早期领导人、广州起义的组织发动者之一、中央政治局常委兼军事部部长杨殷，孙中山卫队长李朗如，中国"双百"模范向秀丽等先辈英烈，王老吉更曾为林则徐、毛泽东等英

雄伟人除病祛疾，留下佳话；此后，广药自觉传承红色血脉，持续盛产英雄、劳模、先进基层党组织，基因所系，红旗飘扬。二是"长寿基因"，广药一家拥有世界最长寿药厂、最古老凉茶、最持久过期药品回收活动等五项吉尼斯世界纪录，广药自陈李济药厂创立起，旗下超过百年历史的企业已达10家，持续屹立近500年不倒而愈发茁壮，此中奥秘，唯有长寿基因。三是"创新基因"，从陈李济首创蜡丸、王老吉成"凉茶始祖"，到白云山制药两口铁锅创业成全国楷模、红罐红瓶王老吉"零起步"而领跑中国，广药特有南粤"敢为天下先"的气质，旗下各企业各品牌在科技、管理、营销等多领域创新不止，不断驱动广药发展。

"三大基因"让广药恒久壮大，也为这家传奇的企业集团渲染上鲜亮的"性格色彩"——中华红、长寿绿、创新蓝。本书由广药集团企业文化建设委员会主持编著，委员会专门发起了大规模的公开征集采集故事活动，并从中精选100篇广药故事，分辑红、绿、蓝三册，对应三大基因。习近平总书记谆谆教导我们：新时期讲好中国故事尤其需要注重创新传播，要采用读者乐于接受的方式、易于理解的语言。本书的每一篇故事篇幅都不长，语言通俗晓畅，富于传统中医药和岭南地方特色，全书采用手绘配图的方式，力争让广药故事读起来赏心悦目。

本书编辑过程中，得到广药广大新老员工和关心关注广药的领导及社会贤达供稿的大力支持，由于稿件来源多、历时长，整合力度较大，本书没有为每一篇故事具体署名，而是采取集体署名的方式，体现广药人的集体传承和群众智慧。特别感谢国医大师邓铁涛于百岁期颐之年为本书题写书名，感谢国医大师禤国维为本书欣然作序，正是两位泰斗为代表的医药界前辈的亲力鼓励，让广药故事平添新的华章。

绽放四百余年，广药必将延续"爱心满人间"的传奇，不断诞生新的精彩故事，因此，我相信红绿蓝《广药故事》将会有第三版、第四版……持续编辑出版下去，版版皆不变的，是广药的一颗爱心、三大基因。

广药集团董事长、党委书记 李楚源

2016 年 12 月于广州沙面

目录

王老吉

广药故事

红

红色血脉

林则徐赠名"王老吉"

19 世纪初，广东鹤山县人王泽邦从一位搭救他的神秘道长处获赠凉茶秘方，清道光八年（1828 年），小名"阿吉"的王泽邦到广州十三行靖远街开铺售卖"吉叔"凉茶，声望日隆。

1839 年，湖广总督林则徐奉旨南下查禁烟（即毒品鸦片），岂料入粤后终日奔波，感邪中暑，问遍名医无果，病情反而加重，眼看就要打道回朝。幸一随员打听到当地王泽邦治感暑出名，林则徐登门就诊后，虽仅三剂凉茶，但却药到病除。林则徐精神大振，登门答谢，他对王泽邦说："你姓王，小名阿吉，为人行医老老实实，药廉效佳，你的凉茶今后就叫'王老吉'好了。"随即送来一个葫芦状的大铜壶，上面刻有"王老吉"三个金字。自此，王泽邦即正式以"王老吉"为号，2010 年评估价值为 1080 亿元的中国第一民族品牌由此启航。

● 林则徐赠金字铜壶

病愈后的林则徐加紧禁烟，于数月后的 1839 年 6 月 3 日在虎门销烟，中国人由此开始力脱"东亚病夫"之名。王泽邦也不负林则徐厚望，悬壶济世，诚信营商，20 世纪 80 年代，西关老人所著的《广州西关古仔》书中记载：王老吉曾有不成文的店规，凡是有病的人到店中喝凉茶，一概不收分文。羊城百姓因而传有一句百年口头禅——"老老实实王老吉"。

假如没有"王老吉"，中国近代史、中华民族奋斗史真的要改写。

● 老老实实王老吉，清热解毒祛暑湿

"请茶"缸盛满的爱国心

　　2013年8月16日，广药集团与凉茶始祖王老吉的起源地鹤山市人民政府在广州签订战略合作协议，双方共同成立王老吉文化研究会，以加强对王老吉历史资料、文化内涵、文化价值的挖掘和整理，最大限度地保护"王老吉"这一民族品牌。在当天的签约仪式上，王老吉藏品"请茶"缸也惊艳亮相！创始于1828年的王老吉，始终与国运相连，与时代同步，是一座博大精深的文化宝库。那这个"请茶"缸又有怎样的不同寻常的传奇故事呢？

　　第一次鸦片战争（1840年）爆发，英军挟战舰10余艘发动虎门战役，企图以武力逼迫清政府屈服。1月27日，清廷接获虎门要塞第一重门户沙角、大角炮台被攻陷奏报，道光帝下诏对英宣战，并急调湖南提督祥福率军来粤援战。

　　湘军抵粤，水土不服，军士多人身染疫疾相继病倒。王老吉闻讯，深感"国家有难，匹夫有责"，随即组织人力连夜把凉茶配料尽数送到虎门前线，并指挥乡民用多只大铜锅煎煮凉茶劳军，一连数天，药到病除，终解军队危机。其后，王老吉即定制陶瓷"请茶"茶缸数十只分送虎门、黄埔，以便前方将士随时饮用，余下若干"请茶"缸置于老铺备用。此后，历经清末、民国一个多世纪战火离乱、"文革"破"四旧"等劫难，辗转留存至今。

　　这只弥足珍贵的"请茶"缸，见证了百年品牌王老吉在民族危亡关头挺身而出的大义情怀，具有不可估量的文物价值。2013年"请茶"缸赴鹤山展出，首次在公众面前亮相，既体现了王老吉的殷殷桑梓情、拳拳赤子心，也让鹤山市民感受到了王老吉文化的熏陶。

● 王老吉定制陶瓷"请茶"茶缸数十只，盛凉茶给将士饮用

邓世昌舰队以凉茶护体

　　1888 年，北洋水师正式成立后，邓世昌任中军中营副将，兼"致远"舰管带。为了尽快提高战斗力，他刻苦钻研海军战略战术理论，注意学习西方海军的先进技术和经验，要求水兵刻苦练习，务求每一个动作都要做到规范准确。在训练中他爱兵如子，特别关心士兵的身体。

　　1889 年夏天的一个早上，邓世昌又带领"致远"号迎着朝阳出海训练，因前两天舰上补充了五名新水兵，所以今天只安排他们在舰上看看、走走。训练中老水兵们个个生龙活虎，新兵们再坐不下去了，在老兵的带领下也认真地训练起来。

　　本来，山东威海的夏天不很热，可在海面上就是另一回事了，特别是在军舰的甲板上，不到正午，甲板就像烧红的锅一样热。几个新兵个个满身大汗、脸色发白、大口喘气。作为广东出生而且带了十多年兵的邓世昌一看，就说："中暑了。"

他安排他们回舱里休息，马上吩咐火房把早就准备好的王老吉凉茶给他们喝。过了不久，几个人就慢慢回过气来。

原来邓世昌小时候在广州是喝王老吉长大的，上了军舰以后，深知海上生活的艰辛，所以无论春夏秋冬，舰上总是备有专门叫人从广州带来的王老吉凉茶，不管是1881年11月跟随丁汝昌带领200余人到英国接"扬威""超勇"二舰，还是1887年春率队再赴英国接"致远""靖远""经远""来远"四舰回国，他都带上专程派人到广东买来的王老吉前往。因为他考虑到回国要路经酷热的印度洋和南海，还要抓紧时间进行舰队的操演训练，要靠王老吉去保证官兵的身体健康。两次赴英接舰，两次都获朝廷嘉奖。

有了凉茶的保驾护航，邓世昌的"致远"舰"驶船如驶马，鸣炮如鸣镝，无不洞合机宜"，成为北洋水师中整训有素，最有战力的主力战舰之一。

● 邓世昌关心中暑士兵

梁启超海外"艳遇"王老吉

凉茶店与梁启超先生也颇有渊源。

一天，梁启超来到凉茶店买王老吉凉茶，恰巧碰到董义和（传说为清末著名将领董福祥之子）与其母亲，交谈中他讲述了直隶总督北洋大臣荣禄手下大将董福祥（清末著名将领，官至太子少保、甘肃提督、随扈大臣，赐号阿尔杭阿巴图鲁），赖淑兰（原名赖红姑，董义和母亲，太平天国女兵，失败后化名赖淑兰）听到这里泣不成声……

不久，董义和跟随梁启超上京寻父去了，其母特令他带着若干特制的王老吉上路。此时戊戌变法失败，清廷追捕康有为及余党，梁启超逃亡到了美国。1898年至1903年，梁启超游历欧美多国，在其《新大陆游记》中提到："西人有喜用华医者，故此业足以致富。有所谓王老吉凉茶，在广东每贴铜钱两文，售诸西人或五元或十元美金不等。"当时的美国，普通工人一年收入也才三四百美金。梁启超这一番海外"艳遇"不打紧，

● 梁启超买王老吉凉茶

却着实证明王老吉凉茶当时在国外，被当成了一种保健奢侈品。

在纷乱中，董义和加入了白莲教系中的"坎"字拳派。义和团失败后，董义和东渡逃亡到了日本，隐姓埋名以卖凉茶为生。

孙中山在日本听说东京有人卖王老吉凉茶，觉得新鲜又撩起无限乡愁，即去寻访。这时董义和已改名单焘。两个青年人一见如故，谈得很投机，忧国忧民的情怀使他们相见恨晚。

此后在密切的交往中，孙中山不断地向董义和灌输三民主义思想，使之很快就成为资产阶级革命派，并于1909年加入同盟会，后来董义和跟随孙中山周游列国，为革命筹款。

毛泽东陈延年妙解王老吉

20世纪20年代，以"三花三草一叶"为配方的王老吉已经是家喻户晓的凉茶，在民间就有"王老吉，称第一，解热气，防百疾"的民谣，当时引起了在广东举办农民运动讲习所的毛泽东的关注。

1925年10月，毛泽东到广东发展农民运动。当时，广州街头的凉茶"王老吉"卖得很火，对于这个已显赫百载的品牌，喜欢历史的毛泽东甚感兴趣。

一日，他与中共广东区委书记陈延年一边喝王老吉一边闲谈，毛泽东风趣地对陈延年说："你同王老吉的渊源不浅。'王'，你不正是共产党的王子吗（陈延年是当时中共总书记陈独秀的长子）？'老'，仁兄不正是列宁故乡来的革命老手？'吉'，共产党的领袖吉祥如意奋斗到老，乃万民之福也！"

● 毛泽东对广州街头的"王老吉"凉茶甚有兴趣

陈延年也别出心裁地对"王老吉"三个字做了新的诠释："以马列老祖宗为指导的共产党是王者之师，有老百姓支持，这本身就是一种吉兆。润之兄来粤举办农民运动讲习所，正合大道，这才可歌可泣！"语毕，两位挚友便高兴地一块儿喝起王老吉来。

1929年，毛泽东在红四军一度受到排挤，又身患疟疾，在福建永定县苏家坡养病，险些病死的他想起当年与陈延年聊王老吉的故事，便叫人去买王老吉。永定县离广东不远，他的妻子贺子珍通过党的地下交通站很快就把王老吉买来了。润之落难时，王老吉润之。毛泽东服了王老吉后竟逐渐康复起来。身心均好转的毛泽东站立苏家坡上遥望南粤，心潮澎湃，脱口吟出名篇《采桑子·重阳》来："人生易老天难老，岁岁重阳，今又重阳，战地黄花分外香。一年一度秋风劲，不似春光，胜似春光，寥廓江天万里霜。"

此情此境，毛泽东笔下的"战地黄花"，又怎知不是菊花、金银花、鸡蛋花呢？

广藿香种植基地迎来毛主席

棠下广藿香种植基地是广州市药材公司（广药集团广州采芝林药业有限公司前身）的一个重要的药材收购点。该公司成立于1955年，是广州市中药商业的行业机构，负责对广州市全市中药材的供应实行计划管理。1958年4月30日，毛主席在中共广东省委第一书记陶铸、广州市市长朱光陪同下视察棠下农业生产合作社。

采芝林的老员工回忆道，在棠下社的办公室里，毛主席亲切询问了这个农业社的干部的名字、年纪，又仔细地询问了今年早稻、副业和农民生活的情形。随后，毛主席同社的干部到田间实地了解生产情况，参观了社干部的试验田，并且对这个农业社的工作表示满意。

据采芝林企业志《中药世家采芝林》中记载，广藿香原产自国外，移植广州有相当长的历史，棠下、石牌是著名的广藿香传统生产基地，其产品在形、色、气、味方面一向较优，为广藿香

● 毛主席同干部到田间参观广藿香

中质量最佳者。毛主席在考察时也肯定了基地的种植情况。毛泽东主席的亲临考察为员工们带来很大的鼓舞，毛主席的关心和肯定一直鞭策着采芝林人做好中药事业，服务人民健康。

毛主席对药材种植的关心，也是对人民健康的关怀。同年10月，中共中央、国务院发出"关于发展中药材生产"的重要指示，广州市药材公司负责的中药材生产被纳入了国家农业生产计划，广藿香的收购情况和质量更加稳定。

1994年，为保护广东省地道药材石牌广藿香，广州市药材公司又牵头在石牌黄村建立了约7000平方米的石牌广藿香试验田。此后，采芝林继续积极在全国乃至海外建立中药材规范化种植基地。时至今日，采芝林已成为广药集团大商业板块中药材采购供应平台，拥有了囊括山东、黑龙江、内蒙古、吉林、贵州、西藏、梅州丰顺等药材主产地在内的中药材开发公司，在国内外建立了超过40个中药材种植GAP基地，其旗下的中药饮片厂成为华南乃至全国最重要的药材加工、生产基地之一，设备、技术、机械化程度在全国首屈一指。

革命先驱杨殷

在陈李济四百二十余年的历史发展中，有一位革命先辈是我们不能忘记的，他就是革命先驱杨殷。

杨殷，广东中山人，中国共产党早期领导人，中国工人运动的先驱，是省港大罢工的重要领导者之一和1927年广州起义的组织发动者之一，也是中国共产党早期情报和保卫工作领导人之一。早年加入同盟会，1917年担任孙中山卫队副官兼大元帅府参军处参谋。1922年加入中国共产党，表示"我愿将全部财产奉献给党作为活动经费"，并组织工人运动、粤汉铁路工人大罢工。

杨殷加入中共后，以陈李济药厂工人身份开展中国共产党革命工作，后与陈李济的陈家养女潘佩贞结为夫妻。杨殷高大黝黑，工序娴熟，工人们都亲切叫他"黑炭头"大哥。杨殷在陈李济成立了中国第一批由共产党领导的红色工会，发展了第一批工人党员，广药集团或者广州企业党史，由杨殷开启。

广药故事

第❶辑
红色广药

GUANGYAO GUSHI

传奇四百年 爱心满人间

Chuanqi Sibainian Aixin Manrenjian

陈李济

陈李济广州总行

陈李济

● 陈李济的女婿杨殷暗地开展中国共产党革命工作

1917年，孙中山在广州第一次建立政权，杨殷任孙中山参军处副官。他认识了许多国民党官员，对各派势力勾结帝国主义暗里反对孙中山的罪恶活动深恶痛绝。不久，孙中山政权宣告失败，杨殷感到悲痛欲绝。

1922年秋，杨殷由杨章甫、梁复然介绍，在谭平山主持下加入了中国共产党。从此，他的精神面貌焕然一新。他辞去了盐务师爷一职，全心全意为实现共产主义事业而奋斗。同时，他还表示："我愿将全部财产奉献给党作为活动经费。"

杨殷还开辟了广东特工情报工作。早在商团叛乱前，他便调佛山饼业工会主席欧阳峰来广州，以卖饼为掩护，负责西关至城里的情报工作。

1929年8月24日，杨殷被叛徒白鑫出卖，在上海与彭湃、颜昌颐、刑士贞等同时被捕。30日蒋介石下令秘密杀害他们。临刑前，他们仍向士兵和狱卒宣传革命道理，闻者捶胸落泪。杨殷终年36岁。

1926 年起，杨殷任中国共产党两广区委委员、区委监察委员会书记，相当于广东第一任"省纪委书记"。

1927 年，中国共产党领导的广州起义爆发，杨殷任副总指挥，并在总指挥张太雷牺牲后代理总指挥。在杨殷的安排下，中国共产党在陈李济召开了广州苏维埃工农兵代表会，杨殷担任广州苏维埃政府代理主席。广州起义失败后，杨殷被敌人追捕，陈李济工人把杨殷装扮成磨粉工人，躲过了追捕。

1928 年 7 月，杨殷在中国共产党六届一中全会上当选中央政治局候补委员、候补常委兼中央军事部部长，1929 年初增补为中央政治局常委。

1929 年 8 月 24 日，杨殷被叛徒白鑫出卖，在上海与彭湃、颜昌颐、刑士贞等同时被捕。30 日，蒋介石下令秘密杀害他们。临刑前，他们仍向士兵和狱卒宣传革命道理，闻者捶胸落泪。杨殷终年 36 岁。

2009 年，杨殷被评为 100 位为新中国成立做出突出贡献的英雄模范之一。殷者，红色也。杨殷烈士植下的"红色基因"，广药人一直铭记并传承。

为了更好地弘扬烈士的革命精神，陈李济药厂把杨殷烈士的光辉事迹编绘成连环画册——《革命先驱杨殷》，作为革命传统教育和厂史教育，激励全厂职工热爱社会主义、热爱中国共产党、热爱企业的情怀。

李朗如义救国父国母

"愤清廷黑暗，恨蒋朝腐朽，紧随先行争民主；爱社会主义，跟共产党走，保持晚节喜功全。"这是 1963 年 6 月李朗如公祭仪式上的一对挽联。

作为陈李济创始人李升佐的后人、陈李济曾经的"掌门人"——李朗如，为国家解放、民族复兴倾其一生，一生经历了倒清、反蒋、追随共产党的三段壮阔波澜。

李朗如，生于 1888 年，字澄秋，广东南海人。18 岁就在日本参加同盟会，紧随孙中山近二十年。1911 年 4 月，李朗如参加了旨在推翻清廷的广州黄花岗起义，次年任孙中山南京临时大总统府参军兼卫队长。1922 年，孙中山回广州，重建军政府筹划北伐，李朗如时任广州市公安局局长，贴身保护孙中山，直至 1925 年孙中山逝世。当时安全形势严峻，孙中山凡外出，从来不喝不是李朗如亲手倒的水。

● 李朗如义救国父国母

1922年6月，广东军阀陈炯明发动叛变，趁夜炮轰广州观音山总统府，李朗如事先得到密报，立即冒险上山，将当时还对陈炯明抱有幻想而不愿离开的孙中山强行背上身后撤离总统府，送往停靠在珠江边的"永丰"舰，随即通知蒋介石上舰保护。

把孙中山安顿好后，李朗如冒着炮火返回总统府，在叛军炮毁总统府千钧一发之际背上国母宋庆龄下山。1963年李朗如去世，宋庆龄得知后，亲自发来唁电，专门提及了李朗如义救国父国母这段秘史。假如没有李朗如那一夜的奋力一背，中国是否还在漫漫长夜？

后李朗如专心经营陈李济药厂，并把药厂带上生意的"黄金时代"。每年，李朗如都会拿出镇厂之宝——"百年陈皮"送给宋庆龄、何香凝，此"陈皮之谊"被传为佳话。

　　1949 年后，李朗如重新进入新中国政坛，曾任广州市副市长、广东省政协副主席。1954 年全国工商业公私合营，李朗如率先推动陈李济作为当时广州最大的民族资本企业主动参加公私合营。

　　李朗如紧随时代趋势，跟随共产党走，他这一生的所作所为，足以供后世敬仰。

● 陈李济曾经的掌门人李朗如一生追随共产党

向秀丽，在烈火中永生

广州银河烈士陵园里，长眠着一位感动中国的救火英雄。她的墓碑前，一年四季都摆满了傲然开放的鲜花，似乎从未凋谢过，一如她灿烂的生命和火红的青春。这位救火英雄叫向秀丽，是广州何济公制药厂的青年女工，她用 26 岁的花样年华生动地诠释了"爱岗敬业，勇于担当"的生命价值。

1933 年，向秀丽出生于广东清远的一个贫苦家庭，良好淳朴的家训家风始终把"忠信""仁厚"作为教育的核心，"认认真真做人、做事"的家庭教育，让她以后深刻地认识到中国共产党是广大贫苦人民的真正救星，坚定了她加入中国共产党和献身新中国的决心。

解放初期，向秀丽进入广州何济公制药厂当一名工人，她以满腔的热情投入到新中国的制药工业建设中。向秀丽的文化底子薄，工作上遇到很多困难，但她从不气馁，除了积极向老师傅请教外，深夜下班回家后还坚持看书、学习、思考、做笔记，不久她就熟练地掌握了各种制药操作技能。

向秀丽不但工作优秀，而且追求思想进步，独具奋发上进的精神气质。上夜校，学文化，从一名普通的止痛散包装工起步，当上工会委员，成为技术骨干。1958年，向秀丽加入了梦寐以求的中国共产党，25岁的人生插上了激情与

● 向秀丽奋力灭火

● 人们以各种形式纪念向秀丽

梦想的双翼！向秀丽坚持认真阅读《钢铁是怎样炼成的》《把一切献给党》等书籍，学习英雄黄继光、邱少云、刘胡兰的光辉事迹。英烈们为党和人民献出一切的光辉形象和英雄壮举在她的心里生根开花，长成参天大树。

1958 年 12 月 13 日星期六晚上，广州繁华的下九路何济公药厂化工车间灯火通明。向秀丽作为领班，正与两位工友忙碌地投料。意外的情况发生了，满装 20 公斤酒精的大瓶瓶底突然断裂，酒精"哗啦"一下倾泻满地，火苗"腾"地蹿了起来，危及不远处存放着的易燃易爆金属钠。如果发生爆炸，将足以毁掉整座工厂，并殃及周边商业区与民居，后果不堪设想。千钧一发之际，向秀丽挺身而出，奋不顾身地扑上了正在肆虐的大火，用自己的整个身躯紧紧捂住了蔓延的火焰。工友见状，赶快冲上来，想为她扑灭身上的火。向秀丽高声大叫："不要管我，赶紧叫人来灭火！"火焰仍在蹿动，向秀丽拼尽全身力气扑倒在地上，用自己的血肉之躯挡住了来势汹汹的大火，为工友们及时赶来灭火赢得了非常宝贵的时间，避免了一场眼看就要发生的大爆炸！

而向秀丽被大火烧成了重伤，她身上的二度、三度烧伤面积达 60% 以上！抢救期间，昏迷了三天三夜的向秀丽醒来便追问："金属钠有没有爆炸？工厂安全吗？罗秀明有没有受伤？"眼里、心中装着的竟都是厂房、国家财产和同事的安危，对钻心蚀骨的疼痛只字不提。

1959 年 1 月 15 日，经过 33 天的抢救，向秀丽终因伤势过重献出了年轻的生命。她的生命永远定格在 26 岁，她留给人们的照片依旧是那张洋溢着青春和刚毅的笑脸。

向秀丽牺牲后，党和国家领导人林伯渠、董必武、陈毅、郭沫若等分别题词、作诗给予高度评价。其中，林伯渠所写的诗句"光明磊落向秀丽，扶危定倾争毫厘；一身正比泰山重，风格如斯世所师"正是她一生最真实的写照。

国人榜样是雷锋，雷锋榜样在广药。同是"平凡英雄"的雷锋，在 1962 年 2 月 8 日的日记中，以饱蘸深情的笔触颂扬了向秀丽的集体意识和敢于担当精神，讴歌了向秀丽作为一名普通共产党员的忠诚忘我与果敢勇毅，并表示"决心永远学习向秀丽同志坚定的阶级立场，敢于斗争的精神；学习她耐心帮助同志、处处为集体谋利益的精神……"

2009 年，向秀丽被评为"100 位新中国成立以来感动中国人物"。如今，广药集团视向秀丽精神为企业不可割裂的"红色基因"，每年都会坚持举办向秀丽雷锋纪念活动。广药白云山向秀丽雷锋服务队已多达 30 多支，成为广药集团回馈社会、服务大众的一个爱心团队。

习仲勋两次视察"白云山"

　　"白云山制药"从"两口大锅闹革命"发展到如今品牌价值283亿元，历经40多年的发展，被誉为广东改革开放的一面旗帜，但鲜有人知的是，在其历史上的两次重大发展都与习仲勋同志息息相关。

　　白云山制药厂是20世纪70年代从白云山农场制药车间发展起来的，1979年，年产值已超千万元的白云山制药厂迎来一个重要的发展契机——白云山农场成立农工商联合公司，建立生产经营承包责任制，利润采取"三三四"分成，即利润的30%上缴，30%作为集体福利和奖金，40%作为企业发展基金。能不能利用企业发展基金实现药厂跨越发展？改革开放伊始，白云山人既兴奋又有一些担心的心情，一直延续到第二年的春天。

　　就在这个关键时刻，时任广东省第一书记、省长的习仲勋同志于1980年春夏之交第一次来到白云山制药厂视察。当天

● 1980年，习仲勋同志（左一）第一次到白云山制药厂视察工作

上午10时左右，习仲勋同志一下车就参观了生产当时畅销的穿心莲片的片剂车间，他一边参观一边详细询问了工人、技术人员及药厂产品数量，以及工人、科技人员的生活情况。

走出白云山制药厂片剂车间，习仲勋同志远眺风景宜人的白云山麓，触景生情，他认为，药厂坐落在风景区，就有责任搞好绿化美化，与优美的自然环境融为一体，他当即要求白云山药厂搞好生产的同时，也要注重搞好规划，办成园林化的制药企业。

对于白云山制药厂的未来发展，习仲勋同志提出了三点指示意见：一是解放思想，好好利用国家改革开放的政策，开拓市场。要打破清规戒律，面向全省、面向全国建立自己的销售据点；二是招贤纳士，广招人才，还要与科研部门、大医院合作，不断研究开拓，开发自己的品种。新产品和科研人员都是企业的根基，要勇于探索，不断进取；三是尊重并照顾好职工和知识分子，关心职工生活。习仲勋同志再三强调企业在改革开放的大潮中要少务虚，多做实事，一步一个脚印推出优质产品，打响自己的品牌。

视察过后，白云山制药厂立即召开会议，学习习仲勋同志视察指示精神，归纳制定了"爱厂、兴利、求实、进取"八个字作为白云山的企业理念，一直激励着广药白云山人勤奋创新。

根据习仲勋"尊重知识、广招人才"的指示，白云山制药厂专门招揽科研人才，成立研究所，攻克头孢类产品，引进口炎清、回心丹等独家品种。厂里形成了尊重知识、珍惜人才的良好氛围，新增产品每年达 15 个以上，同时在全国率先实施产品"五包"，白云山产品在仓库只存货 5 天便能销售出去，成为中国医药行业的一面旗帜。

仅仅 7 年时间，白云山制药厂已经发展成为拥有 250 多个品种的大型企业，产值从 1980 年时的 1200 万元猛增到 1.2 亿元，是习仲勋同志第一次考察白云山制药厂时产值的 10 倍。

1987年，又是一个春天，已是中共中央政治局委员的习仲勋同志自北京到广东视察，一直心系"白云山"的他提出：再去白云山制药厂走走，看看这7年来的变化。

2月27日上午，习仲勋同志依约来到白云山制药厂，轻车简从的他先后参观了化验室、片剂、针剂车间和花园式厂区。白云山制药厂的针剂车间拥有从德国引进的最新最先进的生产线，产量规模大，深受习仲勋同志的肯定。

据当时负责接待的药厂厂长霍梳回忆，习仲勋同志对他第一次视察的情形记得十分清楚，认为对比7年前的情况，药厂进步巨大，也的确遵照他的要求，建设成了园林式的制药企业。

● 1987年2月27日，习仲勋同志（右三）在省委领导许士杰（右二）、白云山制药厂厂长霍梳（左三）、白云农工商联合公司党委书记彭文正（左二）的陪同下视察白云山制药厂

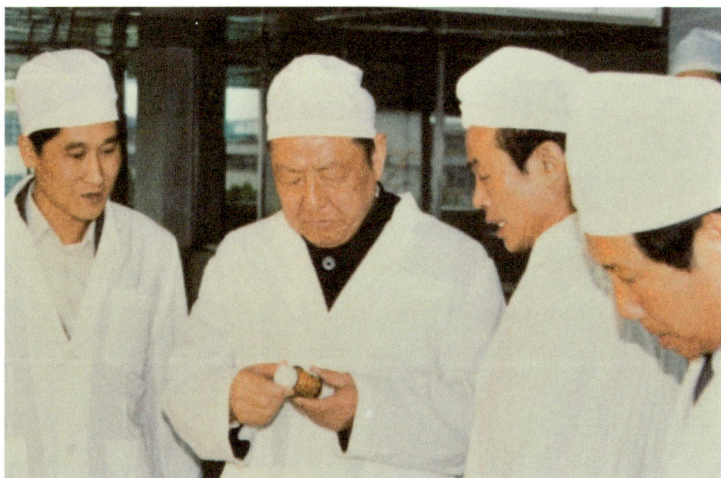

● 习仲勋同志详细了解白云山制药厂当时的拳头产品穿心莲片

● 在座谈会上，习仲勋同志强调要重人才、强品牌

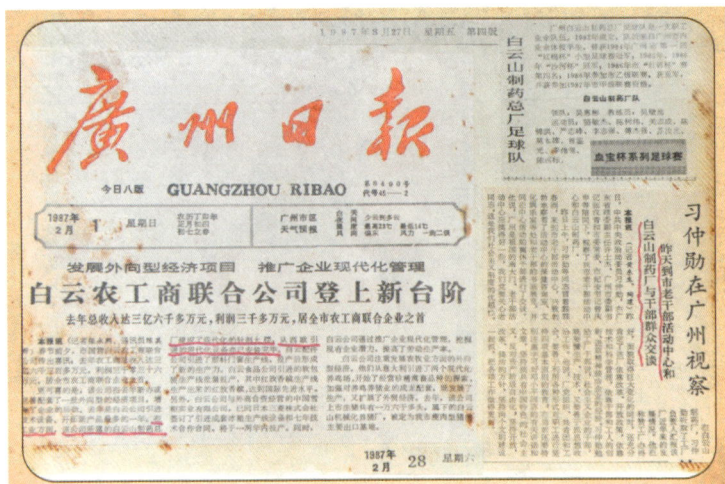

● 1987年2月28日《广州日报》刊登习仲勋同志在广州视察、与白云山制药厂干部群众交谈的报道（图右）

"习仲勋同志十分亲切，当天中午与我们一起在药厂招待所餐厅用自助午餐。"霍梳回忆道，用餐期间，习仲勋同志仍不忘寄语白云山制药厂：思想要更加开放，不要满足现状，否则就容易被人击垮；要向集约式、多元化发展。

按照习仲勋同志的指示，白云山人更加解放思想，敢为人先，以更加迅猛的发展来回报习仲勋同志的关心支持。1993年，白云山制药厂入选全国医药行业利税十强和中国百家知名企业第28位（广东省入选企业第一位）；随后，"白云山"商标和抗菌消炎药统一品牌"抗之霸"商标先后被认定为"中国驰名商标"；2001年，白云山制药厂成为"广药白云山"集团旗下的龙头企业。

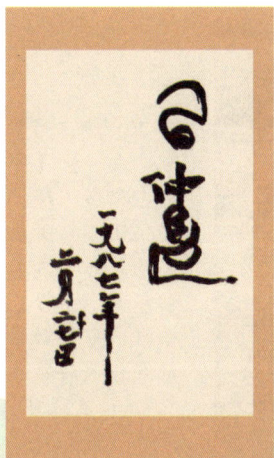

● 1987年2月27日，习仲勋同志视察白云山制药厂时的亲笔签名

● 习仲勋同志在白云山制药厂视察，省委领导许士杰（右二）、白云山制药厂厂长霍栉（左五）、白云农工商联合公司党委书记彭文正（左四）陪同

● 2017 年 5 月曹志斌（左，原习仲勋同志秘书）拜访广药集团，集团董事长李楚源（右）亲切会面。作为 1987 年陪同习仲勋同志视察白云山的当事人之一，曹老对"白云山"情深意长

　　2017 年，正好是习仲勋同志第二次视察"白云山"30 周年，广药集团党委书记、董事长李楚源在一次党员"两学一做"活动中深有感触地表示，习仲勋同志当年所做的一系列指示，体现了惊人的正确性和生命力，30 年来有效指导着广药白云山的发展壮大，解放思想、广招人才、关爱职工、注重环保仍然是广药白云山人在经济新常态下竞争制胜的几大"法宝"；习仲勋同志两次视察过程中简朴亲民、务实开放的个人风格，既体现出他老人家良好的家传风范，也深刻地指导着广药白云山一代又一代的领导干部思想作风建设。

　　李楚源提出，习仲勋同志七年两次视察"白云山"，是广药故事中弥足珍贵的篇章，广药白云山人要把他的指示精神和良好风范好好记载并传承下去，作为集团精神财富、文化资产，作为党的建设、领导干部家风建设的永恒指导！

老照片引出的故事

　　1999 年 2 月 6 日，广州日报《老照片的故事》栏刊登了一张"李众胜堂"的老照片，这张照片是一个名叫陈秀琼的女士送给当年李众胜堂药厂（李众胜堂是广州白云山中一药业的前身之一，后来曾更名为广州中药三厂、广州众胜药厂等）惠存的老照片，照片正中端坐着身穿似少数民族服饰的周恩来总理。

　　周总理的故事引起了广大读者的追忆仰望，广州日报和众胜药厂都收到了来自全国各地读者的来信，为揭开老照片之谜提供了可贵的信息，更多的读者热切询问有关照片的故事。令人高兴的事情发生了，在热心读者广州财贸管理干部学院杨羡莲老师的帮助下，我们找到了陈秀琼的女儿李美川，通过她联系到了仍健在人世的陈秀琼女士，老人给我们讲述了老照片里的故事：

　　照片中人物由左至右，第一位是中华人民共和国驻缅甸仰光第一任大使姚仲明先生，第二位是缅甸总理吴努夫人，第三位是周恩来总理，第四位是大使馆职员的小女孩，第五位是缅甸总理吴努先生，第六位是姚大使夫人。20世纪50年代，周总理曾八次访问缅甸，这张照片是初次访问时拍摄的，照片中周总理身穿缅甸的民族服饰，头戴缅甸民族帽子，微笑端坐。

● 周总理接见中药材商林锡祯

陈秀琼今已八十高龄，当年是缅甸颇负盛名的华侨，经营中药材商店，商号为"广通福"，经营药品中有广州李众胜堂生产的保济丸、化痔灵、人丹、苏合丸、理中丸等成药，受到仰光顾客的欢迎。陈秀琼在 20 世纪 50 年代多次回国参加广州的春秋季交易会，曾两次亲自到李众胜堂药厂洽谈生意，与李众胜堂建立了良好的关系。她把这张有敬爱周总理的照片敬赠给李众胜堂药厂，并手书"李众胜堂药厂惠存"字样，盖上陈秀琼私章。

当这张《广州日报》辗转寄到仰光陈秀琼的手中时，老人高兴万分，立即委托自己在香港的女儿把当年周总理接见丈夫林锡祯的照片冲晒出来，寄到广州众胜药厂，以怀念已去世的丈夫。

● 20世纪50年代，周总理曾八次访问缅甸，这张照片是初次访问时拍摄的

低调的"跳水哥"

"托举哥""擒拿哥"等众多见义勇为的义士传扬正能量，被人们所津津乐道，广药集团有一位"跳水哥"也广为人知。

2012年8月8日傍晚7点多，正当大家享受饭后江边散步的悠闲一刻时，码头附近突然传来救命声，只见一名中年男人掉入江中，众人全部在栏杆处围观，却不知道如何救人。忽然"扑通、扑通"两声，两个年轻的身影跃进了江中，奋力游向落水者，江中的水流当时还是很湍急的，幸好落水者没有太大反抗，两名年轻人在众人帮忙下终于将其救起，三人都能够平安无事，实在是让人捏了一把汗。

就在大家围观轻生者时，两名施救者已经悄然离开，只有一路人将其中一名救人者在整理自己湿掉的鞋子的身影给拍下来了。经过记者多方的寻查，原来这名救人者叫胡跃东，是广东仲恺农业学院的一名应届毕业生，刚刚入职广州王老吉药业

● 两个年轻的身影跃进江中，奋力游向落水者

股份有限公司担任销售业务员才一个多月。当记者联系到他时，他感到非常惊讶，因为当时救人后看到轻生者没事就马上离开了，并不想被过多留意，想不到的是他会被路人拍下照片。通过谈话记者了解到，虽然当时天色还是很亮，不过考虑到江水深且急，所以小胡选择从悬梯跳下去救人，配合另外一名救人者和众人力量，大家才能在体力消耗完之前安全回到岸上，看来小胡不仅有勇，而且有智。

胡跃东的义举引起了社会极大的反响，胡跃东也因此被媒体称为"跳水哥"。被问及救人那一刻是怎么想的时，胡跃东的回答简单而真挚："当时什么都没想，就一个念头，救人。"此后，"广东省五一劳动奖章""广州市平民英雄"等荣誉褒奖纷至沓来，但胡跃东并没有留恋英雄光环，而是肩负起更多社会责任，担任王老吉派梅州市仙上村的驻村干部，做起扶贫工作。这一干就是三年。在他的努力下，王老吉的扶贫工作圆满完成，全村面貌为之一新。

我们为胡跃东的勇气和低调鼓掌，为王老吉药业涌现出这样一位平民英雄而感到骄傲！

爱国拥军彰显亮丽底色

在庚子年初的新冠肺炎疫情阻击战中，广药集团组织42名应急民兵组成支援保障队伍，协助广东省及广州市药品药械和疫情防控物资储备工作，日均处理入库防控药品物资50批次，出入库药品5000多件。他们身穿整齐的军装迷彩服，扛起一箱又一箱药品物资，陆续搬运到货车上，全力保障药品物资运往抗疫第一线，飒爽的英姿沉默却充满力量。作为一家拥有红色光荣传统的国企，广药集团总是以实际行动积极传承"血脉"中的红色基因，在爱国拥军工作方面留下了不少佳话。

2020年10月20日，广药集团在全国双拥模范城（县）命名暨双拥模范单位和个人表彰大会上被授予"全国爱国拥军模范单位"，是广东省唯一获此荣誉的单位。11月11日，正值人民空军建军71周年纪念日，广药集团在旗下广州神农草堂中医药博物馆举行揭牌仪式，并与南部战区直属工作局签署双拥共建协议。围绕协议，双方要秉承"军民携手、融合发展、资源共享、优势互补"宗旨，建立军民共建关系，围绕"组织健全、活动经常、关系融洽、双拥双赢",着力开展党建、思想政治教育、参观见学等共建与交流活动,共享优势资源,巩固和发展军民团结,共同推进双拥共建工作,争创双拥共建先进单位,进一步密切同呼吸、共命运、心连心的鱼水情谊。

"全国爱国拥军模范单位"这项殊荣的背后,是红色基因的代代传承。广药集团历史上涌现了两位新中国"双百"人物——广州起义的组织发动者之一、原中共中央政治局常委杨殷以及新中国"最美奋斗者"、救火英雄向秀丽,这些红色基因融入企业发展之中,成为广药集团最鲜亮的底色。

多年来,广药集团将红色基因融入企业爱国主义教育中,不仅与南沙守备部队、广州警备区、海军陆战学院等单位组织国防教育讲座30多次、国防参观学习100多次,还打造了神农草堂、陈李济中药博物馆、白云山中一药业等三个广州市爱

● 广药集团在神农草堂中医药博物馆举行"全国爱国拥军模范单位"揭牌仪式,并与南部战区直属工作局签署双拥共建协议

国主义教育基地。2018 年，广药集团与中国武警海警某部以神农草堂为依托，共建了"军民融合党建教育基地"，把部队爱国爱党、不怕牺牲、奋勇拼搏的精神和广药集团"红色基因"结合起来，联合开展党课教育、党员培养等活动，形成了"以双拥促党建，以党建促发展"的军地党建互动模式。

为了抓好拥军优属工作，广药集团把解决退役军人就业创业工作纳入重要工作事项。截至 2020 年，5 年来，广药集团及下属企业招收退役军人 400 多人，投入 500 多万元慰问部队战士和帮扶困难复退军人。目前，广药集团有复转退军人近 1300 人，在职 700 人，44 人担任中高层领导职务，77 人担任企业技术骨干。为了加强国防后备力量以及国防动员和民兵预备役队伍建设，广药集团近年输送 19 名优秀青年到部队服役，投入 50 多万元建设集团民兵预备役基地，旗下 20 家企业有基干民兵 117 名，预备役人员 32 人。

"在共建中共享、在共享中共建"，广药集团始终秉持该理念，发挥医药健康产业的资源和科技优势，先后与多个部队单位进行互访慰问并结成共建单位，积极送科技、送文化、送健康进部队。疫情期间，广药集团携手市双拥办向驰援湖北抗疫的驻穗部队医护人员家属赠送了防疫药品，"向秀丽·雷锋"志愿服务队向部队赠送口罩药品等防疫物资，与共建部队共同抗疫。通过军企共建，广药集团与共建部队实现了"双拥共建、文化共育、资源共享、党建共促"的融合式创新发展。

"秀丽红"底色鲜亮，"雷锋班"携手战"疫"

　　1962年2月8日，雷锋同志在《雷锋日记》里写道："我决心永远学习向秀丽同志，学习她在紧急关头，挺身而出，英勇牺牲的精神！"

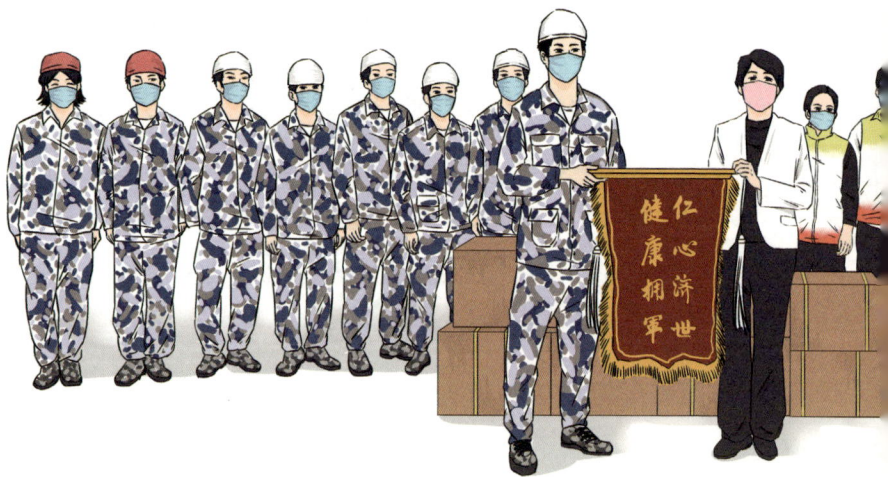

向秀丽精神源于广药何济公。向秀丽生前是广药集团何济公制药厂的女工，也是"100位新中国成立以来感动中国人物"、新中国成立70周年评选的"最美奋斗者"之一。1958年，为保护国家财产和人民生命安全，她用自己的身躯挡住车间突发的烈火，避免了严重爆炸事故的发生，被誉为"党的好女儿"。

向秀丽烈士为代表的红色基因，经过广药人不断赓续传承，已经成为广药集团一面鲜亮的旗帜，活跃在生产经营一线和志愿服务一线。

在2020年"学雷锋月"到来前夕，身处广州的"向秀丽职能部门党支部"的党员，特以书信形式将一封题为《双拥共建 互勉共进 争做新时代"最美奋斗者"》的信件，递送到远在辽宁的"雷锋班"战士手中。在收到这封千里之外的来信后，

● 抗击新冠疫情期间，广药集团何济公药厂与"雷锋班"解放军战士们共同扬起"雷锋精神"与"向秀丽精神"的旗帜，鼓舞战斗

"雷锋班"的战士们在训练之余连夜复信。在信中,"雷锋班"的战士们表示:"当前,正值全国上下奋力抗击新冠肺炎疫情的关键时刻,作为优秀的先进集体,我们更应该学习先烈事迹、弘扬先烈精神、秉承先烈作风,在打好疫情防控人民战争中,发一分光、出一分力!雷锋班全体战士衷心希望能与'向秀丽职能部门党支部'签订共建协议,继承优良传统,不断砥砺前行,共同将向秀丽同志和雷锋老班长的革命精神发扬光大,谱写新时代军民携手奋进的新篇章。"

收到"雷锋班"的回信,广药集团"何济公向秀丽党支部"的党员们都十分振奋,深受鼓舞。在这样的战"疫"关键时刻,更加需要共同扬起"雷锋精神"与"向秀丽精神"的旗帜,榜样无言,却最能鼓舞斗志。他们军民携手以共建活动为新动力,加倍努力,全力抗击疫情,积极复工复产,通过积极履行社会责任,贯彻广药集团防疫工作"两不两保"的责任承诺,争做新时代奋斗者,将向秀丽与雷锋的精神继续发扬光大。

62年来,向秀丽精神在广药集团一直得到发扬,从未中断。1960年,向秀丽生前所在的何济公药厂以学习、传承、弘扬向秀丽精神为宗旨,以青年团员为骨干,组建了"向秀丽青年突击队",成为企业生产经营中的一支生力军。2012年,广药集团将学习和弘扬向秀丽精神的活动进一步拓展到整个集团,组建了近30支"向秀丽·雷锋志愿服务队",积极开展抗击疫情、脱贫攻坚、扶危济困等志愿服务,以实际行动传承向秀丽精神。其中，何济公"向秀丽·雷锋志愿服务队"荣获"2020 年度广东省学雷锋志愿服务先进典型——最佳志愿服务组织"称号。

红

◆

改革先锋

贝兆汉：锐意改革一铁汉

贝兆汉，自 1976 年调至广州白云山制药厂工作以来，以两口大锅起家，带领"白云山人"艰苦创业，倡导"爱厂、兴利、求实、进取"的"白云山"精神，并且以科技兴厂为指导思想，尊重知识、尊重人才，把科技进步同生产经营有机地结合起来，从而有力地促进了企业的发展，使"白云山"从一个濒临倒闭的小厂发展成为一个拥有 6000 多名职工、年收入十几亿元的大型综合企业。1994 年，该集团公司被评为"中国明星企业"；他本人获中国企业管理协会、中国企业家协会和企业管理科学基金会联合授予的"全国优秀企业家"称号，并获"金球奖"。

贝兆汉 1976 年担任广州白云山制药厂的党支部书记，当时白云山制药厂只能惨淡经营，在夹缝中求生存，他在厂里进行了一系列大刀阔斧的改革，生产经营开始略有起色，1976 年产值达到了 91.81 万元。好不容易熬到了 1978 年，一个巨大的噩耗几乎让白云山人崩溃：医药商业部门不再收购他们的药品。当即就造成 100 多万元的穿心莲药品积压在仓库，白云山制药一下子陷入绝境。怎么办？人总不能被尿憋死。豁出去，拼了！贝兆汉当时分析，大量的临床资料证实穿心莲片是确有疗效的药物，假设每个中国人分配一片穿心莲，就是 10 亿片，就可为国家挽回 580 万元的损失。如果两片、三片呢？而穿心莲片每次服用量是 4～5 片。想到这里，贝兆汉做出了一个当时大家都觉得大胆的决定——自建销售网络。

● 1976 年贝兆汉厂长上任

虽然自销之路十分艰辛，但是"白云山人"都有一颗自强不息的心：医药会议不让白云山代表参加，供销人员就偷偷摸摸钻进去做生意；医药展览会没有白云山的展位，供销人员就在门口"摆地摊"，或在旁边的酒店"唱对台戏"；到省外去拜访客户，供销人员都自己掏腰包买广州土特产去联系感情。为了节约费用，销售人员充分利用火车票5天免费签票的有效期，白天到一个地方求爷爷告奶奶地开展业务，晚上就上火车休息并赶往下一站……

贝兆汉说："打铁首先就得自身硬，要想药品市场推销做得好，产品质量首先必须要过硬。"当时他们一手搞自销，一手抓技术。一些有一技之长的科技人员，由于政治运动等种种原因闲散于社会上，他们就提出"愿为医药献身的都一视同仁"，先后招聘了19名科技人员，成为当时第一家重用"右派、臭老九"的企业，在厂里形成了尊重知识、珍惜人才的氛围。科技人员和工人们心往一处想，劲往一处使，产品质量不断提高，新产品每年达15种以上。1982年，"白云山人"又在全国率先实施产品"五包"创举，即包产品运输中损耗、包产品降价损失、包产品超过有效期的库存损失、包淘汰药品损失、包质量问题造成的退货损失。几乎是零风险的销售模式以及对产品质量负责到底的做法震惊了全国医药界，立即获得了经销商的肯定和消费者的热捧，白云山产品在仓库只库存5天便销售出去，成为中国医药行业改革开放先行先试的一面旗帜。

广药故事

第①辑 红色广药

传奇四百年 爱心满人间

GUANGYAO GUSHI—Chuanqi Sibainian Aixin Manrenjian

1985 年，白云山又提出了工商联营的理念和创新做法，与全国绝大部分省、市医药公司和五个中央医药一级站签订联营协议，各单位主销白云山产品，白云山制药厂以优惠价格供货。凭着过硬的产品质量疗效以及切合市场经济规律的营销模式，白云山制药的产品在全国市场越做越大。1984 年白云山产值达 15404.03 万元，创利 1510.85 万元。

白云山的改革成功经验得到了广泛的肯定和支持。广东省经委在 1983 年的全省工交工作会议上指出：广州白云山制药厂在社会上广泛挖掘、招揽人才，使该厂成为全省新产品最多、产值最大、发展速度最快、经济效益最好的一间药厂，他们的经验值得推广。从 1983 年下半年到 1984 年，人民日报、中央人民广播电台、光明日报、南方日报、广州日报、羊城晚报等媒体都先后以显著版面和黄金时间介绍了白云山的发展经验。广州市委市政府于 1984 年 12 月在白云山召开现场会，向全市推广白云山的经验。1984 年 11 月 18 日，时任国务院总理赵紫阳视察白云山药厂，称赞白云山"工作做得好，发展速度快"。

白云山的创业史告诉我们因循守旧、抱残守缺只有死路一条，只有改革开放、制度创新，才能走出一条新路。白云山艰苦创业的过程是广东改革开放的一个缩影，白云山人敢为人先、重视人才、重视创新、重视科技的精神正是改革开放伟大实践催生的时代精神。

敢为先的老厂长郑尧新

郑尧新是地地道道的广州人，从 1961 年 8 月起至 1999 年年底止，历任星群药厂生产计划负责人、生产技术副厂长，广州中药九厂厂长兼书记、广州中药一厂副厂长兼研究所长、厂长等职务，见证了广药集团辉煌的历史。

郑尧新 12 岁便迫于生计中止了学业，在广州沙面大街的"办馆"（类似洋人的超市）当童工。他通过自学英语，掌握了较强的听、说、读、写、译能力，可用英语流利地与人交谈。1950 年受雇为明华药房店员，1952 年明华药房并入广州新生药厂，1956 年国家实行公私合营，新生药厂又并入了星群药厂。在此工作期间，他认真学习制药知识和技术，成长为一名制药技术工人，因此也和制药行业结下了终身的不解之缘。

1969 年，郑尧新就任星群药厂副厂长后，就组织工厂的科技人员成立三结合科研小组，参与研制国务院按周总理指示下

达的国家重点科研项目"脉通软胶囊",并获得成功。这在当时是一项了不起的成就,不但填补了国内医药制剂的空白,而且为国家节省了进口日本药品的外汇。

1975年10月,郑尧新被安排去了广州郊区的广州中药九厂(即现在的广州王老吉药业股份有限公司前身)担任代理厂长,当时的中药九厂没有自己的品牌产品,全靠代别人加工中

● 做事做人敢为天下先的老厂长郑尧新

草药提炼浸膏来收取加工费，企业严重入不敷出，仅1975年一年就亏损了30万元。郑尧新一上任就要面对一场重大的挑战——如何让工厂减少亏损。在他的带领下，中药九厂进行了前所未有的大刀阔斧改革——改变产品结构。他亲自上门，将刚刚退休赋闲在家的中药老专家丘晨波聘任为中药九厂的高级工程师，随之成立了工厂的科研组（即王老吉研究所的前身），专门从事新产品开发研究。科研组很快就取得了成绩，在1978年研制了霍胆丸、慢支紫红丸两个新产品，1980年又借鉴日本的汉方药"龙角散"推出了新品——痰咳净散。

新产品生产出来后，如何推向市场，让广大消费者接受，也是一个很大的问题。在"文革"刚刚结束、计划经济一统天下的20世纪70年代后期，广告对于当时的社会大众还是新鲜事，几乎没有企业会想到要为自己的产品打广告。但从另一角度来讲，为数不多的广告其效果也将会是轰动性的。郑尧新正是抓准时机，在南方日报、广州日报、珠江人民广播电台等媒体上发布广告，大力宣传研发成功的霍胆丸、慢支紫红丸等新品的功效。当时中药九厂仍处于亏损状态，很多人不能理解为什么要额外多花一大笔广告费，但当广告推送出社会后，很快就生效，产品一下子就打开了销路。

1979年，也就是中药九厂扭亏为盈的第二年，郑尧新又被调往当时广州最大的中成药制药厂——中药一厂任副厂长。当时的中药一厂，虽然与广州的同类中药厂相比具有一定的规模，但企业经过反复的合并和变更，利润状况一直没有起色。郑尧新决心改变这种现状。他把主要精力放在新产品开发，搞技术革新，利用国家政策大力开展外贸业务，走出一条新路来。1981—1985年短短几年间，中药一厂一下子研发出10多个新药品种，一举改变了中药一厂多年单靠古方成药维生的局面。至1985年，中药一厂已经拥有了包括消渴丸、滋肾育胎丸、乌蛇止痒丸、白蚀丸、心可宁胶囊、益肝颗粒、降气定喘丸、胃乃安胶囊、金佛止痛丸、鼻咽灵片等品种。这在当时的中成药业界，是一个不可多得的成就。时至三十多年后的今日，消渴丸始终是中一药业的最大的支柱产品。

郑尧新在英语和制药工艺技术方面已有颇深造诣，更重要的是他擅长管理。早在1981年，他就自己翻译了联合国的GMP管理，组织厂里有关人员学习，其时，国家还没有提倡GMP认证，在国内的制药企业中，中药一厂算是比较早就接触到先进的制药管理理念的企业之一。中药一厂于1998年顺利通过了GMP认证，成为第一批通过GMP认证的药厂。

郑尧新拥有超前的管理理念和超强的领导魅力，甚至超越了他所处的时代，一切都走在了同行的前面。他既是王老吉实现历史转折的奠基人，也是中一药业的领路人，更是为后来广药的发展壮大奠定了坚实的基础。这一切，均源自他个人的卓越品格：做事做人敢为天下先！

羊城药业领头羊梁志坚

　　20世纪80年代初,王老吉药业(当时刚更名为"羊城药厂")遭遇了较大困境。如何为这一国企重整旗鼓、再写辉煌,这是每一个领航者不得不深思的问题。摆脱计划经济的桎梏、带领药厂艰苦创业走上改革开放之路的厂长梁志坚给出的答案是:面对挑战,我们立志与祖国同发展;笑迎未来,"羊药人"豪情冲云天!

　　梁志坚来自草根,20世纪50年代曾在广州一德路货栈当过杂工、制糖工,1956年后,他将精力献给广州中药业,成为王老吉发展史上不可或缺的重量级人物。这经历,是一段传奇的经历。

　　1969年,广州中药九厂从大德路搬迁到当时还是远郊的江村现址,梁志坚自始至终参与了搬迁及新厂房基建、设备安装的全过程,是一头不折不扣的"开荒牛"。1978—1982年四年间,他担任中药九厂技术科负责人,在丘晨波的领导下,先后研发了慢支紫红丸、藿胆丸、痰咳净等几大新产品，使药厂首次摘掉"亏损大户"的帽子，且令藿胆丸、痰咳净这两大品牌历三十年而不衰，迄今仍为王老吉大品种产品的杰出代表。

进入 20 世纪 80 年代特别是实施厂长责任制以来，梁志坚把握时机带头狠抓技术革新，大胆引进先进设备，锐意经营传统产品，深化企业内部改造，推行现代化管理，使中药九厂变身为具有现代制药规模的中成药厂。

1987 年，梁志坚引领研制成功的冲剂型广东凉茶颗粒（有糖），次年便成为药品产销的第一大品种并一直保持优势至今，有了这个广受社会欢迎的大品种支撑，羊城药厂终于站上产值

● 羊城药业领头羊梁志坚

和销售过亿元、利润超千万元的台阶。1989年梁志坚带领下的羊城药厂完成工业产值近5000万元，全员劳动生产率超过8.5万元，人均创税利2万多元！为宣传建厂以来的重大成就，表彰为厂腾飞做出重要贡献的职工，树立先进典型，弘扬企业精神，梁志坚审时度势、别出心裁地发动全体职工开展了评功记功活动。1990年4月，散发着人格馨香与人文关怀气息的"羊城药厂员工记功碑廊"建成。替本厂职工树碑立传，此举曾经轰动一时，可谓街知巷闻。到1994年，企业产值与利润已双双跃居"广药"中游！

这期间，通过合作购买、改建等方式，羊城药厂在广州的丛桂路、中山八路、三元里大道、黄石路等地购买和建造了100多套职工宿舍，大大改善了200多户职工（占全厂职工总数一半以上）的居住环境，令当时的广药兄弟单位羡慕不已："羊城药厂人人都有房屋分！"20年后的今天，仍有相当多的老员工居住在这些地方，并经过20世纪90年代末的房改让自己成了这些物业的主人。这些老员工及退休工人一提起梁志坚无不交口称赞，甚至常常热泪直淌："梁厂长，我们永远感谢您！"

1992年，梁志坚被诊断患上肺癌，被迫住进了广州市第一人民医院治疗。住院期间，他仍心系企业，关心当时正在进行的企业股份制改造。当时，每天来他的病房探望他并请示工作的人络绎不绝，以至护士戏称他简直要将病房变成自己的办公室。病情稍稍得到控制，梁志坚就立即出院，带病主持羊城药厂发行800万份内部职工股和促使药厂转制成为广州市第一批股份制的企业。

1992年12月18日,广州羊城药业股份有限公司正式成立,梁志坚担任首届董事长兼总经理。正当他踌躇满志,准备在新的企业体制下大展身手时,病魔再一次无情地击倒了他。1994年1月16日,梁志坚因肺癌病情恶化,医治无效去世,年仅59岁。三天后,全公司放假一天,全体员工前往广州市殡仪馆参加梁志坚同志的遗体告别仪式。望着他慈祥的遗容,上千名员工及退休工人痛哭失声。

广州羊城药厂20世纪80年代的快速崛起与成长,砥砺了奋进者梁志坚的干云之志;羊城药业的一段辉煌史,奏响了领头羊梁志坚的奋进之歌。王老吉奋进路上,有梁志坚不坠的青云之志,还有全体王老吉人的干劲、激情比金坚!

● 纪念王老吉的传奇人物梁志坚厂长

祁茂林，王老吉文化的挖掘者

2012 年，广药收回王老吉商标。在这场与对手几乎是白热化的博弈中，广药王老吉最明显的优势无疑就是文化——凉茶文化。"喝水不忘挖井人"，说起凉茶文化我们不能忘记一个人——祁茂林。他在挖掘整理王老吉凉茶文化方面所做的大量的、开创性的工作，虽不能用"前无古人，后无来者"来比拟，但他的建树大家是有目共睹的。

祁茂林在 1998 年 11 月至 2006 年 8 月期间，出任广州王老吉药业股份有限公司的党委书记。可以这么说，王老吉从 1984 年梁志坚出任厂长至 20 世纪 90 年代后期，经过几任领导人十几年的努力，对企业厂房、设备、工艺制造水平进行现代化改造、升级换代，奠定了王老吉走上现代企业发展之路的物质基础；而发端于 1998 年年底的"三项制度"改革、现代企业文化建设，则从制度、文化、观念上推动了王老吉走上现代企业的发展道路！

岭南药侠

● 祁茂林推动王老吉文化建设

祁茂林书记作为一个"文化型"的党委书记，王老吉药业上了年纪的员工都会有切身的感受。他构建了王老吉现代企业文化建设的理论体系和框架，提出了著名的"王老吉立身处事黄金法则三十条"——"超前半步求发展""不唯学历经历唯能力，不唯年龄工龄唯脑灵，不唯地缘亲缘唯机缘""不问过程，只看结果""能者上弱者下，贤者上庸者下，智者上愚者下""每做一件事我们做到最好；同做一件事，我们做得最好""不须扬鞭自奋蹄""广结人缘，善为人脉"等信条，在业界具有广泛影响和良好口碑，至今还潜移默化地影响着每一位在王老吉工作的员工，成为他们立身处事、对待工作、处理人际关系的价值标尺和法则选项。

王老吉在现代企业文化建设所取得的成就，广受业界赞誉，获奖无数。2005年几乎是广药系统第一家被中国医药政治思想研究会评为"企业文化建设示范单位"的企业。就在许多企业对什么是现代企业文化建设还不甚了解时，王老吉人已在祁茂林书记的带领下，高举文化建设的大旗，以超前的意识和观念，推动着王老吉这家百年企业焕发靓丽青春。

王老吉凉茶无疑是广东凉茶的代表，当然也是中国凉茶的代表。凉茶没有文化，就没有根基；没有脍炙人口的传奇故事，就走不远也做不大。祁书记任职期间在这方面做了大量工作，经过几年努力，初步构建起了王老吉凉茶文化的框架，通过收集、整理，把王老吉凉茶的传奇故事编辑成《王老吉的故事》，并制作成连环画，广为宣传。在这个基础上拍摄了 32 集电视剧《岭南药侠》等，使王老吉凉茶的传奇故事深入人心，影响日甚，连王泽邦先生在香港的后人也慕名前来公司找祁书记了解王老吉凉茶的变迁史和历史传奇故事。

一个不容忽视的事实是，2000 年之后，王老吉凉茶在营销与文化的双重推动下脱颖而出，快速发展，从昔日的"老几"变成广药旗下规模最大的制造业企业之一，在社会上也声名鹊起……2005 年成为合资公司、2010 年品牌价值达到 1080 亿元，这一切似乎也是顺理成章之事！

放眼现在，随着 2012 年 5 月广药收回红罐王老吉的商标使用权，在与对手几乎是白热化的博弈中，广药王老吉最明显的优势无疑就是文化！而这一点恰恰是对手所欠缺的。什么"正宗""鼻祖"，没有文化作为支撑将从何谈起？有了文化的支撑，一方面可以弥补营销方面的不足；另一方面，王老吉凉茶今后的做大做强就有了根基，有了底气。

看过祁书记的文章、听过他演讲的人，都会被他的激情、文采和超前的意识所打动和叹服，一个"文化人"的书记便出现在你的面前。企业文化是企业的灵魂，有优秀文化内涵的企业是战乱冲不垮、自然灾害毁不掉的，经历数百年磨难依然生机勃勃。

勤修善学的冯赞胜

冯赞胜服务广州医药有限公司 40 年，用 40 年的情义去做好了这份工作。19 岁，他带着青春、梦想、激情来到公司；60 岁之际，他怀着荣誉、宽慰、无憾离开他的工作岗位。

时任华南地区规模最大医药商业公司的总裁，冯赞胜经常身处经营一线，身兼经营、管理任务。为方便工作，公司安排了冯总裁两个办公室，一个在三楼，身处在业务部门繁忙紧张的工作气氛当中；另一个设在七楼，是总裁办公室。冯经理曾在一篇文章中写道："我们，特别是年轻人，走向社会重要的是做事而不是做官。"他说，企业领导干部只有坚持在一线，亲身感受市场的脉搏，了解市场风云的变化，才能准确地采取应急措施。曾有媒体记者问："你的两个办公室，如何分主次呢？"他不假思索地说："三楼实际上是前线办公室，紧贴业务一线，直接指挥本部经营；而七楼的办公室是运筹帷幄，制定企业发展战略、发展目标以及行动方针的地方。两个办公室，功能是相互紧连的。"

说起冯经理的实干与勤奋，厂家与员工印象深刻。2008年9月，冯经理与公司班子及所属企业的几位领导参加联合博姿在法国巴黎举行的年度总结大会。从广州到法国，飞机要飞十几个小时，冯经理和所有人一样坐的是经济舱，他身材高大，飞机座位空间狭小，十几个小时坐下来，脚都肿了，即使这样，他也没有要求调去商务舱。到了法国，还来不及倒时差，就一头扎进了会议室。会议连续开了两天，最后一天安排自由活动，以美丽浪漫、商品琳琅满目著称的巴黎没能吸引冯经理的眼光，倒是联合博姿在巴黎郊外的物流中心牵动着冯经理的心，他将这一天的自由时间用来带公司的同事去参观物流的运作和流程。把最后一天的自由活动时间也花在工作上的老总，给外方留下了很深的印象，也深深地打动了随行的人员。"公司每赚一分钱都不容易，所以更不能随便花。有媒体朋友笑称我为'平民老总'，我个人倒是挺喜欢这个雅号。"

冯经理爱人才。为了使公司优良传统能延续下去、薪火相传，冯经理用尽苦心。当年公司外派到日本参加管理培训的员工回忆道，冯经理亲自为他们送行的情景至今仍定格在脑海，萦绕心头难以忘怀。那次培训是冯经理亲自联系和安排的，对于当时几位新任的区域销售主管，冯经理亲自敲定课程的内容，与日本武田公司的接待人员再三强调："是去学习的，不是旅游的，要有所收获。"员工最记得出发那天，一大清早，冯经理居然站在公司门口送参训员工上车，一个个叮嘱要注意身体，认真学习，把先进的管理经验带回公司。历经数年，这一切，对于当年参训的员工，依旧历历在目。一个会为参训员工送行的老总，那份语重心长、那种殷切期盼，深深地打动着每一位参训员工。

● 冯赞胜亲自为外派到日本培训的员工送行

随着公司的发展，招聘的员工越来越多，在他的提议下，公司成立了沙槐学院，他还在紧张的办公场所专门留一层做员工的培训基地，身体力行地认真备课任教。1998年，他亲自指导新员工的培训工作，为培训新员工亲力亲为制定培训方案，寻找集训基地，提倡新员工要在艰苦的环境中学习并锻炼自己。冯经理以实际行动践行司训"勤修善学"，致力营造学习型的企业氛围，让善学的优良传统薪火相传。

冯经理常常向周围的人推荐一些自己看过的好书，如《有效的管理》《富国论》《世界是平的》《企业再造 流程重组》《谁动了我的奶酪》《把信送给加西亚》《你在为谁工作》。直到最近，他还向员工推荐《公司的力量》。在他的倡导下，公司的学习文化气氛浓厚。大家读过书后，获益良多。在将《谁动了我的奶酪》一书推荐给员工的时候，他说："我将这本书送给了企业的管理人员和业务骨干人手一本，让员工们学习书中所提倡的面对变化时积极而自由的心态。"

在竞争激烈的商业环境，管理人员要始终抱着开放而积极自由的学习心态，才能达到学无止境、追求卓越的境界，要明白山外有山、天外有天。冯经理一直在工作中、在生活上践行"勤修善学""忠信笃行"的理念，他务实、纯粹的工作态度，也激励着广州医药人。

心中有理想，脚下有力量

2021年7月1日，庆祝中国共产党成立100周年系列活动在北京隆重举行，百年大党，风华正茂，举国同欢，举世瞩目！习近平总书记在庆祝大会上发表重要讲话。深情回顾中国共产党百年奋斗的光辉历程，高度评价100年来中国共产党团结带领中国人民创造的伟大成就，庄严宣告"我们实现了第一个百年奋斗目标，在中华大地上全面建成了小康社会"，精辟概括"坚持真理、坚守理想，践行初心、担当使命，不怕牺牲、英勇斗争，对党忠诚、不负人民的伟大建党精神"，全面总结以史为鉴、开创未来的"九个必须"，号召全体中国共产党员在新的赶考之路上努力为党和人民争取更大光荣。习近平总书记的重要讲话，高屋建瓴、思想深刻、内涵丰富，具有很强的政治性、思想性、理论性，体现了深远的战略思维、强烈的历史担当、真挚的为民情怀，是一篇马克思主义的纲领性文献，为全党全国各族人民向第二个百年奋斗目标迈进指明了前进方向、提供了根本遵循。广药集团党委书记、董事长李楚源作为党员、党务工作者和全国劳模代表光荣赴京参会。踏上首都的土地，李楚源满怀激动与振奋。在京期间，李楚源观看了《伟大征程》文艺演出、"不忘初心、牢记使命"中国共产党历史展览、中国共产党成立 100 周年庆祝大会并现场聆听了习近平总书记重要讲话、7 月 3 号李楚源还来到毛主席纪念堂感受伟人精神。

● 2021 年 7 月 1 日，庆祝中国共产党成立 100 周年系列活动在北京隆重举行，全国劳动模范、广药集团党委书记、董事长李楚源光荣受邀出席

时间回到 10 年前。2011 年 6 月 29 日，广药集团白云山和黄传来喜讯，被中共中央授予 "全国先进基层党组织"光荣称号，时任广药集团党委副书记、副董事长、总经理的李楚源作为广东省唯一赴京的先进基层党组织代表，受邀出席在人民大会堂隆重举行的纪念中国共产党建党 90 周年表彰大会，并受到党和国家领导人亲切会见。此外，2019 年，李楚源还作为全国劳模受邀赴京参加建国 70 周年阅兵观礼。

以李楚源为代表的广药党员始终使命在肩，创造出一个又一个红色徽章。杨殷向秀丽两位烈士被评为 "新中国双百人物"、广东省唯一的 "全国爱国拥军模范单位""第五届全国文明单位"荣誉称号、全国脱贫攻坚先进集体、先进基层党组织，国家科技进步二等奖、"123 广药党建"荣获首届 "广州市十大党建品牌"……点点星光，终究璀璨成海，漫漫长路，造就广药担当。

2021 年是广药集团党建强企年，集团上下高标准高要求开展党史学习教育。新年伊始，李楚源带领集团领导班子在初心园重温入党誓词。3 月 4 日，集团召开党史学习教育动员大会。3 月 6 日，李楚源一行来到两当兵变纪念馆，接受革命传统教育。3 月 28 日，集团领导干部到嘉兴南湖学习红船精神。4 月 15 日，李楚源一行来到遵义会议纪念馆，深刻感受革命的艰辛与伟大。劳动节之际，李楚源来到革命热土长沙和韶山，瞻仰革命先烈，汲取奋进力量。6 月 28 日李楚源光荣赴京参会。

"没有中国共产党，就没有新中国，就没有中华民族伟大复兴。"作为一个有着30年党龄的老党员，现场聆听总书记的讲话后，李楚源深深感受到使命光荣，责任重大。今后，广药集团将全力争当六个表率：争当学习贯彻习近平总书记重要讲话精神的表率。争当弘扬伟大建党精神的表率。争当高质量发展的表率。争当推动乡村振兴的表率。争当建设粤港澳大湾区的表率。争当从严治党的表率。全面落实十四五发展规划，为下一个百年而努力奋斗。

● 庆祝中国共产党成立90周年大会在人民大会堂隆重举行

在祖国的荣光下砥砺奋进

2019年10月1日，全世界的目光聚焦在了天安门广场，共同关注盛大的庆祝中华人民共和国成立70周年大会。在现场的李楚源同样百感交集，他作为全国劳模代表受邀出席阅兵仪式观礼，象征着荣誉与责任的劳模奖章被工整地佩戴在胸前，与他共同见证这场盛世华典，此刻他不仅是广药集团的党委书记、董事长，更是一个为祖国骄傲自豪的中国人！

日出东方，习近平总书记洪亮庄重的声音回荡在天安门广场，当他说到"没有任何力量能够撼动我们伟大祖国的地位，没有任何力量能够阻挡中国人民和中华民族的前进步伐"时，李楚源感到前所未有的振奋。站在新的历史起点，李楚源更加坚定了全力打造具有产业特色、鲜明文化的世界一流企业的决心，要将广药集团这个"中国制药之王"带入新纪元，冲入世界500强，让"健康中国"从理想走进现实。

70 响礼炮响彻云霄，一个个整齐划一的方阵昂首阔步，一辆辆设备精良的武装车辆威风凛凛，一架架崭新亮相的飞机列队划破长空……这次的大阅兵规模空前，让国人震撼，也让世界瞩目。全国人民都为祖国母亲 70 周年华诞欢欣鼓舞，为日益强大的国力振臂高呼，身处现场观礼的李楚源有更加深刻的体会，他奋力扬起手中的五星红旗，心中有一个无比真切的认识——企业与个人的每一步发展都与国家的繁荣富强密切交织、不可分离。

李楚源是在新中国改革开放的浪潮中成长起来的企业家，曾被评为全国劳动模范、2017"中国十大经济年度人物"、全国优秀企业家、"中国双拥"年度人物等。他 1984 年考入中

● 李楚源在天安门城楼参加"庆祝中华人民共和国成立 70 周年"大会

山大学化学系，1988 年 7 月入职广州白云山制药厂，成为一名技术人员。从普通的技术员到党委书记、董事长，李楚源一步步干起，他见证并参与了中国医药产业繁荣发展的重要阶段。国庆 70 周年阅兵现场观礼的邀请，是他在广药集团工作第 32 个年头以来收到最好的礼物。

70 年沧桑巨变，我国医药产业从"缺医少药"到奔向"医药强国"，人口平均预期寿命从 35 岁延长至近 75 岁，人民身体素质取得了质的提升。广药集团一直与新中国医药产业同行，从建国初期一个规模较小、旗下企业较为分散且偏安岭南的医药企业，发展成为如今全国最大制药工业企业集团。道阻且长，行则将至，扛起广药集团大旗的李楚源和众多广药人齐心协力，就这么一步一步做到了。

观礼结束后，李楚源久久不能平静，他更加坚定了继续提高老百姓的健康水平、降低老百姓的医疗费用的初心，马不停蹄地开始忙碌起来，踌躇满志地为健康中国贡献一份力量。

"我们的发展，得益于我能够处于一个崇尚奋斗、鼓励奋斗的时代，一个处于大发展时期、有着大机遇的时代。"谈及未来，李楚源激情满怀，"没有中国的强大，就没有广药集团的发展，也没有我个人的成长，感恩伟大的祖国，下一个 70 年，要把我们伟大祖国建设得更加伟大，美好生活更加美好！"

广药故事

红

·

品德力量

逆境中的潘高寿

新中国成立以后，合理的社会制度和安定的社会环境，让各行各业都得以休养生息，一些惨淡经营的小企业有如枯木逢春，焕发了勃勃生机。到了1956年，全国形成了三大改造高潮，基本上完成了生产资料私有制的社会主义改造任务。在这个历史大潮中，潘高寿也跟上了历史的步伐，走上了社会主义道路。

1956年2月1日，是潘高寿发展史上一个里程碑式的日子：由政府有关部门代表国家注入公股，以潘高寿药行为基点单位，与位于十八甫生产止咳枇杷露、止痛散、济众水的大同成药社和位于抗日中路（即现今和平中路）生产白罗仙牌止咳水、丹杜莲皮肤水的中华成药社合并，成立了"公私合营潘高寿联合制药厂"，当日挂牌营业。职工人数从原来老潘高寿的不足50人增至90人左右，生产的品种以各合营单位原有的酊水糖浆为主，将川贝枇杷露列为主体产品，保持了"潘高寿"的传统特色。

公私合营以后，由于有了国家对企业的投资，潘高寿药厂的企业规模扩大了，生产得到了迅速的发展。然而，就在"潘高寿"以全新的姿态走上了社会主义的康庄大道，企业得以顺利发展之际，一场意想不到的变故发生了。

1959年10月23日深夜，潘高寿主要生产场地邻近的一家木屐工厂发生火灾，火势蔓延，大火波及潘高寿厂区，时值初秋北风乍起，风助火势火借风威，无情的大火迅速吞噬基本上全是砖木结构的厂房。住在工厂附近的工友闻讯赶到现场，奋力参加救助。无奈火情实在凶猛，虽然消防队和伸出援手的群众合力扑救，厂房最终还是成了一片废墟。翌日清晨，工人回厂开工，看到的是一片狼藉的颓垣败瓦，禁不住失声痛哭，他们痛心的是自己赖以谋生的工厂遭到如此的不幸，痛心国家财产遭到如此损失。

刚刚走向了社会主义康庄大道的潘高寿有如"逢春枯木遭霜打"，无情的大火毁掉了厂房设施，也激起了工友们重建工厂、挽回损失的决心。刚成立的厂党支部及时召开了紧急党员会议和全厂职工大会，党支部书记杨细向大家发出了"化悲痛为力量，为挽回损失、重建工厂而奋斗"的号召。干部、职工自觉组织起来、行动起来，认真清理火灾现场，将还没有被完全损毁的机器设备和用具拣出来，清洗整理，将虽然被消防水龙淋湿但未被污染的装配品、包装材料小心清检，理顺晒干后重新包装捆扎，为重建工厂、重新投产做好准备。

● 潘高寿旧厂区被大火吞噬

　　经过一段时间的努力，农林药厂向潘高寿药厂伸出了友谊的援助之手：腾出了场地，请受灾停工的工友去包装他们厂生产的当时的畅销产品"肥猪菜"，让工友们有工可开，一定程度上缓解了潘高寿部分职工的燃眉之急。与此同时，另一部分原来从事制药和技术的同志，得到了有关方面的支持、配合和帮助，在黄沙附近物色了一块解放初期被国民党飞机进犯广州空袭（史称"三三轰炸"）时炸毁的几百幢楼房部分未重建的废墟作为临时的生产场地。当时，该地盘坑坑洼洼，杂草丛生。工友们自己动手平整土地，拔除荒草，用竹竿、沥青纸搭起简易工棚，摆开了缸缸罐罐，因陋就简加工生产起杀虫农药滴滴涕（DDT）来了。曾亲历这段时期的退休老工人回忆说："那时是'头顶青天，脚踏烂地'，露天工作的。所用的'设备'，除了从火灾现场中清检出来的旧锅旧罐之外，便是瓦盘瓦钵，操作起来乒乒乓乓、叮叮当当，活灵活现的锅碗瓢盆交响曲！"

　　在潘高寿药厂党支部的领导下，职工们忘我劳动，不计报酬，为挽回损失、重建工厂夜以继日地奋力工作，生产自救计划顺利地进行。经过一年多艰苦的生产过渡时期，重新积累了一定的资金和生产资料，建起了简易的厂房，逐渐恢复了中药制剂的生产，并创制了一些新产品。对肺病有很好疗效的"铁破汤"就是这个时期问世的。潘高寿药厂终于走出了火灾的阴影，重现生机！

为普通工人树碑立传

　　1991 年 4 月 29 日，位于广州市白云区江村桥头的广州羊城药厂在其最高的山岗顶处建立起一座企业记功碑廊，并举行了隆重的揭幕仪式。碑廊内耸立着 5 块 2 米多高的大理石碑。那上面篆刻的，不是英雄人物的业绩或高级领导人的题词，而是该厂 195 位普通工人的名字。原来，他们都是立功受奖的人员，羊城药厂为他们"树碑立传"了。

　　羊城药厂曾有一段时间境况不佳，为了扭转这种状况，以梁志坚厂长为首的时任厂领导为振奋全厂职工的精神，积极献计出力，打好企业翻身仗。通过全厂近千名职工的互评推荐，其中的 195 位普通职工的工作事迹突出，为企业的振兴做出了重大贡献，立下了汗马功劳。1990 年末，羊城药厂举行了隆重的表彰活动，这 195 名普通工人分别荣获金羊奖、银羊奖和铜羊奖。

● 羊城药厂为 195 位普通工人竖起记功碑

　　羊城药厂领导认为，广大工人是企业的主人，这195位有功人员虽不是什么英雄，但是他们发挥了主人翁精神，对药厂的翻身兴旺有突出的贡献，因此，他们的名字理应载入本厂的史册，永志不忘。于是，羊城药厂就为这195位普通工人竖起了记功碑。

　　记功碑竖立起来后，在羊城药厂引起很大的反响。碑上有名者感到自豪，备受鼓舞。一位老工人抚摸着碑上自己的名字自语道："从没有想过自己竟有被'树碑立传'的一天！"他决心为药厂的发展做出更大的贡献。而碑上无名者也感到学有榜样、干有方向，纷纷表示自己也要干出成绩来，争取自己的名字也被刻上记功碑。因为他们看到，那5块记功碑中最后的一块是空白的，它将留给后来人。一位小伙子说，他相信，通过努力，终有一天自己的名字也会刻到碑上。

　　记功碑廊的建成，刻下了王老吉药业辉煌发展史上颇具人性而又耐人寻味的一页历史！

长夜里不灭的灯光

每天晚上 10 点过后，广州北京路步行街的店铺陆续停止了营业，购物的人流散去，喧嚣了一天的步行街渐渐安静了下来。细心的行人也许会发现，除了著名快餐店里不时有人光顾外，在北京路的路口，巨大的健民医药的招牌下，仍然为人们留下一扇服务的窗口——那就是健民医药夜间售药部。

这宽不过两米窗口的灯光，在如今北京路的深夜并不显得耀眼，但从 1971 年开始，就已是广州北京路深夜不灭的灯光。45 年前北京路的深夜是寂静和昏暗的，45 年前中国城市的深夜也是寂静和昏暗的，可见当年的决策者设立这个窗口需要何等的勇气，考究这个决策是出于慎重抑或不经意已没有意义，重要的是，健民 24 小时售药服务，开创了全国 24 小时售药的先河，为健民医药赢得了广州家喻户晓的口碑；可贵的是，45 年来，这扇窗口从未关过，这盏明灯从未灭过。就连北京路健民店为迎接 60 周年店庆而停业装修的两个月期间,这扇窗口的灯还是彻夜亮着。

20 世纪 80 年代,一位市民的儿子深夜肚痛,他骑着自行车兜了好几条街,连敲了数家药店门,虽然门上的小窗写着"深夜购药",但是却没人搭理,最后他在健民店的夜间售药窗口买到了药,他发出了这样的感慨:健民药店的新风好啊,但愿它遍羊城! 进入 21 世纪,广州的国际化程度越来越高,夜间

● 广州北京路深夜不灭的灯光

售药窗口迎来了外国人，只见他焦急地对着值班员比画着，值班员不懂英语，怎么办？值班员灵机一动，拿出智能手机来交流，向外国朋友推荐了合适的药品。第二天，又是深夜，这位外国客人来到健民夜间售药部，竖起大拇指对值班员说："Very good!"

50年过去了，夜间售药部从最初供应的保济丸、红药水、紫药水等数十种家庭常备药品，到现在供应数百种急救药和常用药。为方便群众，还专门设立夜间售药热线电话，解答市民的咨询。45年间，健民夜间售药部的服务一直在不断延伸。

来健民夜间售药部买药的多是治头痛发热或是跌伤、皮肤损伤的顾客，营业额并不高，谈不上什么利润。在1985年的《羊城晚报》登载了这样一篇报道：在春节的一个晚上，一位香港客人逛花市时小腿被鞭炮烧伤，他来到了健民夜间窗口。正在值班的小莫看到他的裤筒被烧破，小腿还渗着血水，二话不说便为他擦洗、上药、包扎，伤者问他要多少钱，小莫说："一毛钱。"他大为惊讶地说："有没搞错呀，在香港起码十几元哪！"末了，他紧握着小莫的手连声道谢。

现在健民夜间售药部从最初安排营业员轮流值班到现在招聘专门的人员来值班，从2位轮值员工增加到5位专门人员，夜间销售收入根本不足以抵消成本支出，每个月夜间岗还要倒贴5000多元的成本费用。当社会上一家又一家24小时药店因成本和安全问题"半夜黑灯"的时候，健民医药却给出了这样的回答："一家成功的药店，不单看它是否带来可观的经济效益，还看它承担了多少社会责任。只要街坊还有需要，哪怕亏本，北京路健民夜间售药部的灯光也永远为街坊亮着。"就这样，在激烈的医药零售行业竞争中，健民夜间售药部的灯光仍旧不熄，健民医药为人民健康服务的宗旨依然未变。

原《羊城晚报》总编辑微音在 1996 年 5 月 2 日撰写的专题报道中，将健民夜间售药部比喻为"长夜里不灭的灯光"，在社会上引起巨大的反响，这美誉一直传扬到现在。在广州医药有限公司 60 周年纪念大会上，取材于真实故事的小品《长夜里不灭的灯光》，又带着大家回顾了夜间售药部发生的点滴往事。

50 年过去了，健民医药经营创新的脚步并未停下，它不仅是长夜里不灭的灯，还是人们心中温暖的回忆。

"利"与"德"的取舍

2003年，一场席卷全国的"非典"疫情，使许多企业停业关门躲避病毒，同时也让全社会的人陷入了深深的恐惧和惊慌之中。而当时身为广州白云山中药厂党委书记兼厂长的李楚源却透过层层风雪迷雾，看到了鲜花烂漫的春天，他灵敏地感觉到白云山中药发展的历史机遇降临了。

在 SARS 病毒无药可治甚至还不知道是什么病毒的时候，中药就可以对症治疗。因为中药抗病毒具有广谱的特点，而板蓝根正是抗病毒的王牌药物，受到了众多中医药专家的大力推荐而频频见诸众多媒体，从而成为人们抢购的第一中药。

"非典"时期，限价 12 元的 20 小包装板蓝根被炒到 100 元，劣质药、过期药疯狂入市。外地来白云山中药厂拉板蓝根颗粒的货车排队足足有 1 公里！大部分是医药销售公司和医院的车队，但也不乏那些拿着厚厚一叠现钞的药贩，他们表示，愿意以高出出厂价数倍的价格进货。面对这种不正常的市场现象，李楚源书记立刻召开班子会议，研究决定："绝不发'国难财'，即使药贩子开出天价，也不能卖给他们，不趁机哄抬物价；同时，一手抓抗击'非典'，一手抓促进生产，全力以赴做好抗击'非典'的后勤供给。"

"非典"疫情暴发以来，"白云山"的板蓝根出厂价始终保持在 5 元左右一包。但是，由于板蓝根、金银花等中药原材料是由农民等个体自由收种，价格难以控制，到 3 月底入货价格飞涨。白云山中药厂在药材的采购方面遇到了前所未有的困难，主要原料板蓝根由每公斤 3 元升至 20 元，金银花从每公斤 20 元升至 280 元。对此，白云山中药厂再次承诺："即使药材价格继续上扬，就是亏本，也要保证生产和供给。"

面对一夜暴富的巨大利润诱惑，李楚源书记不但没有动心，反而相当冷静沉着，在原材料价格大幅提高的情况下，在广东省同行业内率先采取行动，到火车站、汽车站等人群密集的地方免费派发抗"非典"药品板蓝根颗粒和口炎清颗粒，价值高达 200 多万元。

李楚源书记郑重向媒体和社会做出三项承诺：一是严格执行国家价格体系，白云山板蓝根不提价；二是继续采用 GAP 种植基地药材，从源头上保证质量；三是"爱心满人间"的原则不变，继续关爱需要帮助的人群和弱势群体。一句"亏本也要生产"被传为佳话。

药品是一种直接关系到消费者生命和健康的特殊商品，医药企业既要为实现盈利的目的而积极参与残酷的市场竞争，又必须对消费者和社会承担起重要的责任。"利"与"德"的取舍，恰恰也是经济效益与社会效益的取舍，"国难"当头，社会效益自是摆在第一位。李楚源书记携同白云山中药厂（白云山和黄前身）全体同仁在这次没有硝烟的战争中打了漂亮的一仗，赢得老百姓口碑，是企业最大的荣耀。

● 不发"国难财"，李楚源一手抓抗击"非典"，一手促生产

好家风代代传

20 世纪 80 年代，广州医药原化学试剂玻璃仪器批发商店大朗仓内化学商品自燃冒烟起火，职工纷纷抢救，有一个人说："你们离开，让我来！"一些有放射性的商品在运输过程中包装破损，有一个人说："你们年轻，你们都走开。我这把老骨头不怕，让我来干！"他是一个年过半百而且身带三级残疾的仓库组长，然而，脏活重活他总是抢着干，一百几十斤的商品，搬来扛去，他从不让人。作为仓库组长，知道下属发货出了差错后，他不顾路远辛苦，三次踏着自行车，从北郊的大朗跑到南郊的中山大学核查落实。他所管理的各个仓库账货相符率高达 99.8%，他本人直接管理的仓库更是达到 100% 相符……他，就是林开胜。

林开胜 1949 年参加东江纵队，1950 年参加抗美援朝，1954 年加入广州市医药公司，曾荣获 1986 年中华全国总工会"五一劳动奖章"和"全国优秀工作者"称号，子女也继承衣

● 身为仓库基层员工的林开胜总是工作高于一切

钵，继续在广州医药的基层一线默默为社会服务。其中，最小的儿子林穗升更凭借着自己的努力，获得了"广州医药有限公司 2014 年度优秀共产党员"以及"器化公司优秀员工"的称号。

在林穗升及姐姐们幼时的记忆里，身为仓库基层员工的父亲林开胜总是那么忙碌，工作的事总是高于一切。仓库离市区很远，踩单车上班也要一个多小时，父亲早就习惯了以仓库为家。面对儿女的抱怨，他总是安抚他们："仓库有很多危险试剂，必须亲力亲为才行！"这一坚持，就是一辈子。

1993 年，林穗升也踏进了父亲一直工作的地方，和同事们一起奋战在父亲曾经为之奋斗和不懈奉献的岗位，听说了很多父亲不曾和他讲述的故事，他慢慢理解了父亲，理解了父亲的热爱，并延续这份热爱，将父亲未完成的事业接过来，跟爸爸一样，为广州市药品流通事业付出自己一颗赤诚的心。

林开胜一家六口多年挤住着一间小房子，他从不吭声也不向组织提出要求；调整工资第三榜名字被抹掉，他没有异议，以大局为重，一切听从组织安排；孩子们的就业，他从不向组织开口要求照顾；年老多病时，组织给予困难补助，但他却婉拒了，让组织把钱留给更需要的人。

而说起他的小儿子林穗升，同事们总会不约而同地想起几个关键词：细致、严谨、踏实。他对待工作始终兢兢业业、一丝不苟。看起来文质彬彬的他干起工作来却有着一股子钻劲、韧劲。林穗升那份谦逊低调、讲究实干的做事风格，谁又能说不是遗传自林开胜呢？在 2009 年的时候，器化公司某医院客户销售额跌到了历史的低谷，林穗升临危受命，接过了提升该院销售额的任务。对此，他就像他的爸爸那样，无论工作多困难，他都毫无怨言，而是认真着手准备，勇敢迎接挑战。短短几年时间内，该客户的销售额较当年增长了 6 倍。尽管取得了一定的成绩，林穗升却没有半点的骄傲自满。正如他的父亲那样，林穗升只是淡淡地说了一句："这只是本职的工作，所以我必须得做好。"

家风，是一种潜在无形的力量，也是一种红色传承，就是这种无形而巨大的力量推动林穗升不断向前、向前，父亲始终就是前方那一座明亮的灯塔，指引着他，不曾偏离。

品德力量

广药劳模　肩负梦想

2020 年 11 月 24 日，2020 年全国劳动模范和先进工作者表彰大会在雄伟肃穆的北京人民大会堂中举行。身披"全国劳动模范"绶带的张春波，正和来自各地的全国劳动模范及先进工作者共同接受党和国家的关怀。作为广药集团第六位全国劳模，张春波倍感荣幸和自豪，想起这个称号背后的辛酸艰苦，他不禁感慨万千。

实现"品质好药中国造"，是张春波一直追寻的梦想。这些年来，他创新市场科研联动机制，以市场为导向，推动顶层设计体系性研发，他主持的"中西复方制剂消渴丸的系统评价研究"项目荣获广东省科技进步二等奖。他坚持"精益求精"的质量理念，严把质量关，持续推动技术革新，提高产品质量水平，带领企业获得广州医药行业首个"市长质量奖"提名奖。从基层销售一线成长为企业负责人，张春波深感自己责任重大，他把青春奉献给了医药事业，坚守着一颗纯粹的初心。

就像大多数的孩子拥有着武侠梦一样，张春波儿时的憧憬是悬壶济世，用赤诚的爱心回报社会。新冠肺炎疫情发生时，张春波第一时间推动光华制药开展有效药物磷酸氯喹片的复工复产，在极短时间内实现批量生产并获得药品补充申请批件成功复产，首批 50 万片火速上市用于疫情抗击。同时，他调拨安宫牛黄丸等抗疫药品和物资驰援武汉等地抗疫一线，助力打赢疫情防控阻击战。这种迅雷不及的响应速度和总揽全局的统筹能力是张春波多年积极投身公益领域所锻炼出来的。

获评 2020 年"全国劳动模范"的张春波，已是广药集团的第六位"全国劳模"，提起前辈们的事迹，他不禁流露出满眼的敬佩。

1956 年，光华制药陈雨池成为广药集团第一位"全国劳模"。在 20 世纪 50 年代，陈雨池主动承担技术攻关，带领攻关小组开动脑筋，经过多次试验与实践，终于攻破难题，成功生产出国产化的疟疾丸，满足了国家的需要，为国家节约了外汇。

1989 年，医药股份林开胜获评"全国劳模"，作为仓库保管员的他熟悉掌握过千种化学试剂商品的管理知识，20 多年来把技术要求复杂、极易出现泄漏、污染、燃烧、爆炸等事故的化试仓库管理得井井有条、安然无恙，该仓库曾被评为"全国四好仓库"，他所管理的各个仓库账货相符率高达 99.8%，他本人直接管理的仓库，更是达到 100% 相符。

1995 年，中一药业的老厂长郑尧新获评"全国劳模"，他做事做人敢为天下先，带领企业改制改革，扭亏为盈，为广药集团的发展壮大奠定了坚实的基础。

2005年，广药集团杨荣明获评"全国劳模"，他以科学发展观为指导思想，使广药集团自2005年起利润连年实现增长，各项指标屡创历史新高。

2010年，广药集团董事长李楚源获评"全国劳模"，他带领广药集团连续八年蝉联中国制药企业百强榜第一位，成为全国最大的制药企业集团。

　　另外，广药集团还拥有全国五一劳动奖状 3 个、全国工人先锋号 2 个、省级五一劳动奖状 3 个、全国劳模 6 人、全国五一劳动奖章 2 人、省级五一劳动奖章 9 人、市级劳模 14 人。

　　延续着广药集团全国劳模荣耀载誉归来的张春波丝毫不敢松懈，他感受到肩上沉沉的重量。"劳模荣誉属于全体广药人！军功章里有每一个广药人的热血与汗水。"他将广药人"劳动最光荣"的精神深深刻在骨子里，把全国劳模荣誉作为人生的一个新起点，和广药集团一起继续着打造世界一流企业的梦想征程。

● 广药集团副总经理张春波戴上"全国劳动模范"绶带，自豪地与北京人民大会堂合影留念

广药故事

红

·

爱满人间

陈李济救火队

　　天津滨海新区爆炸事故让很多人开始重新认识和关心消防员这个古老而又危险的职业。现代消防部队的历史可以追溯到公元 1518 年。那一年，德国奥格斯堡一个名叫柏拉纳的金匠创立了世界上第一支消防队。这是一个民间自发组织的公共消防队，成员大多有自己的职业，只是为了服务邻里而承担社区的防火义务。

　　中国现代的消防队制度始建于晚清。1868 年，香港成立了中国地方最早的现代消防队，成员是当时英国驻香港总督召集的志愿者。内地第一支消防队，是在八国联军攻占天津后才出现的。意大利侵略者首先效法其国内，招募了一批华人在天津租界组织起一支官办救火队，随后英租界也组织了天津志愿消防队。1902 年，清朝政府在天津成立南段巡警总局后，租界消防队移交由清政府管理，改称南段巡警总局消防队，成为中国第一支现代意义的消防队。

据陈李济史料记载,清末民初,广州城池围绕、横街窄巷,民房多为砖木结构,居民又以木柴为燃料,经常发生火烛。而官方没有设消防设备,一旦有火灾便各家自理。老百姓在遇火烛时常常束手无策,损失惨重。陈李济司理和股东研究,决定选拔精壮工人成立义务消防队,并从国外购置消防车,配置水枪、火勾、水桶、大小绳索、斧头、竹梯等等工具,还有一药箱随行,以备救急。消防队旗黑色,上书"陈李济"三个白字,消防车担当着救急扶危的任务,一旦某处发生火灾,队员立刻停产出动。此善举深受市民好评,一时传为羊城佳话。

● 陈李济消防车担当着救急扶危的任务

● 一旦某处发生火灾，陈李济队员立刻停产出动

诚信，一言一行的厚重

每一次握手从客户手心传递来的信任，每一次急救送药从病人眼里传递来的信任，每一次救助从受灾民众那传递来的信任，每一次售药从顾客那传递来的信任……你感受到了吗？这是广州医药人努力践行每一个承诺的驱动，也是广州医药人一言一行积累起的厚重。

广州医药自1968年就明确承诺凡医疗单位（包括省内、外）因抢救急需药品，不论来人来电，不论白天深夜，随时供应。这一承诺从未中断。

时任广东省医院销售部业务员的黄福添，负责一家零库存的医院销售业务。2012年夏天，该医院收治一例被蛇咬伤的患者，医院没有蛇毒血清，而当地媒体对该事件的关注给医院增添了极大的压力。该医院主任立即向广州医药寻求帮助，业务员小黄查实公司缺货后，为不耽误患者病情，请该医院继续向其他公司寻药。得知其他公司答复医院能提供血清的情况下，

● 小黄连夜赶路，取到血清后即刻送往医院

小黄为保险起见仍未放弃，发动公司内其他业务员在多家医院寻找库存，辗转调剂了2支蛇毒血清。然而承诺可以提供血清的公司还未能将药送到。小黄连夜赶路，取到血清后即刻送往该医院，拿过血清，该医院主任感激地连声说："还是广州医药好，还是广州医药好！"

2013年8月台风"尤特"造成广东及沿边省市大部分地区特大内涝灾害，灾区用药告急。广州医药大众医药商场受团省委和广药集团的委托，负责将团省委捐赠的应急药及时送抵灾区。大众医药商场原是经快递公司发货，但快递公司因灾区交通、天气等因素不能保证及时送达。为践行对委托客户的承诺，履行对灾区人民的责任，广州医药没有丝毫迟疑，多个部门紧急研讨，决定不计成本由广州医药物流中心专门调配承运该批应急药。公司启动了特殊应急药品配送通道，10张特急移库单送往物流中心，时任公司总裁于景辉现场指导应急药配送工作，药品从配货到装车实际仅用5个小时，火速把应急药送抵灾区，帮助了超两万名灾民。

在各次灾情疫情中，广州医药都是这样一个默默送药不留名的使者，但每一次，他们都竭尽全力。他们是"看不见的供给线"，这既是对客户的承诺，更是对社会的承诺！

诚信，是他们始终如一信守的承诺，是坚持不懈的努力，是60多年在一言一行中积累的厚重。

赠人玫瑰，手有余香

　　2008 年至 2010 年，根据广药集团的安排部署，广药属下十家企业的基层党组织与兴宁市宁中镇辖下的十个行政村的村党支部携手开展城乡基层党组织互帮互助活动。其中王老吉药业第一党支部与坪塘村党支部结成了城乡基层党组织互帮互助结对单位。

　　在这三年里，王老吉党委和第一党支部的代表，几乎每个季度一次，驱车 300 多公里远赴坪塘村十多次，尽最大努力开展扶贫的工作。通过和其他兄弟单位合作，企业筹集了一些资金，又经过企业党委的批准，分三次总共向该村捐款 12 万元，为该村完成了主干道的路灯工程，修建了坪塘村小学篮球场并作为村的文化广场，建造多个垃圾池改善了卫生，村委会大楼也重新装修一新。第一党支部的党员们种下了一排排"爱心树"，使坪塘村的村容村貌得到了根本的改善。

2011 年以后，王老吉药业公司帮扶新农村建设的工作目标转移到了丰顺县，路途更加遥远了，但每次去丰顺都是走梅河高速。只要时间许可，企业都会派人去坪塘村探访一番，向村民们送上一份慰问。

● 王老吉人自掏腰包，给小罗家捐赠现金

2011 年 3 月 29 日，企业第一党支部代表和党委副书记一起去丰顺县扶贫，途经兴宁时，副书记主动提出到坪塘村回访。来到村委会，见过老村主任，了解坪塘村最新的发展情况后，又在老村主任的陪同下到村里上门慰问了四户贫困户。在他们走到最后一户的家门时，里面传出哭闹声，进门一看，只见一位叫小罗的姑娘正在跟她妈妈吵架，原来她的爷爷和爸爸刚刚在过去的一周内因病相继去世，家里一下子失去了顶梁柱，刚刚读上大学不久的小罗决心要辍学外出打工赚钱，而她妈妈坚持要她读书，一家人因此吵了起来。看到这辛酸的一幕，除了原来的慰问金和慰问品之外，党支部代表和副书记还自掏腰包，捐赠小罗家一些现金，好言相劝她千万不要放弃，要坚强地面对生活，一定要把大学读完。副书记还留下名片，表示王老吉将不遗余力帮助她完成学业。

之后的三年，副书记每年都从自己工资中拿出一部分钱，帮小罗交上大学学费，累计金额超过了 2 万元，并坚决谢绝由党组织集体捐出助学款的提议，坚持自掏腰包行此善举，充分体现了一位共产党员的高风亮节。

在这三年里，企业代表每次到粤东梅州地区扶贫，都会特意前往坪塘村，探望小罗的家人，代表王老吉公司送上慰问。小罗家庭状况一天天在好转，坪塘村一次比一次漂亮，彻底摆脱了贫困的面貌。

今年夏天，小罗终于大学毕业了，之前她在王老吉药业实习期间表现良好，加上所学的专业对口，所以被王老吉药业公司正式聘用，成为王老吉药业营销中心监察部的一名新员工。

● 王老吉药业帮扶坪塘小学

敢打硬仗助亚运

　　2010年11月12日夜晚，广州第十六届亚运会开幕式启动，9.6公里长的珠江一江欢歌，45个代表团的灯光彩船畅游珠江。这里面也有让广州医药人骄傲的工作成果，那就是每艘花船上都配有一个广州医药用心配备的急救包。

　　广州医药是广州亚运会（亚残运会）运动员专用药械唯一指定配送商，当年5月接受任务后，公司即提出"服务亚运、健康亚运"的指导思想，组建了亚运药械配送项目的领导小组、工作小组和专项办公室，先后成立了物流组、采购组、宣传组、质量管理组、安全保卫组和信息支持组，制定了详细的计划和项目进度表进行跟踪，高效率、高质量地开展工作。按时完成对亚运城运动员村医疗门诊部及35家亚运定点医药的送货，配送商品共计1970件，配送车次79次，配送总金额达349万元。

亚运项目时间紧、任务急、要求高，安全、质量、效率一个都不能少，广州医药上下为之付出了艰辛的努力，也获得了亚组委和市委市政府的肯定，被授予"激情亚运大爱动人"牌匾。这是全体广州医药人用心践诺，敢打硬仗的集体成果。

公司亚运专用药械配送专项小组从5月接受任务至亚运结束，整组同事默默奋战了180天，针对药械采购、商品质量的安全、在库管理以及配送方案做精心筹备，实操模拟，制订了详尽清晰的配送流程。在配送前，专项小组成员纷纷出动，对亚运城运动员村医疗门诊部等35个配送点进行实地摸查，设计出了时间最短、路况最安全的配送路线，保障了35个定点医院配送工作的全面顺利完成。

徐国雄是器化公司亚运会医用耗材存储和配送的负责人。面对亚组委要求的601个品规、近600件商品的采购，由于存放空间小，又要全部上架陈列，门诊部医务人员刚到位，时间紧迫，任务繁重。徐国雄多次到门诊部实地考察和丈量仓库存放空间及场地位置，一遍一遍制定出更加合理的存储规划，还主动向门诊部提出直接将商品发货到各科室，既减轻门诊部仓库的存储压力，还节约入库出库的烦琐工序。他被门诊部喻为"仓库活字典"，相关商品的仓储知识和保管方法都可以咨询他，就连库内商品位置徐国雄也了然于胸。

全力以赴做到最好是广州医药对亚组委的承诺，广州医药用心践诺，敢打硬仗，善打硬仗，为亚运会顺利召开保驾护航，赢得喝彩。

● 全力以赴做到最好

"输血＋造血" 援建雅安

2013年4月20日上午8时02分，四川雅安芦山县发生7.0级地震，给当地人民生命财产造成巨大损失。大灾面前时间就是生命，震后1小时，远在广州的王老吉立即启动应急机制，成立雅安抗震救援项目组，并立即开始制定救援方案。当天下午4时30分，王老吉1.828亿爱心基金通过广东省红十字会，率先向雅安灾区捐助价值300万元的物款，同时组建了120人的志愿者救援队伍赶往灾区。

如果说震后第一时间紧急驰援捐款捐物是"输血"，那么建设生产基地助力产业重建便是"造血"。"灾区老百姓需要什么，我们就提供什么。"广药集团董事长李楚源说。

2013年4月26日，地震后第6天，王老吉宣布将投资3亿元在雅安建设生产基地。4月28日，王老吉与雅安市政府签订了王老吉雅安生产基地项目框架协议。2013年7月17日，

● 王老吉投资 3 亿元在雅安建设生产基地

王老吉雅安生产基地正式开工建设。也就是说,从项目规划到项目奠基,王老吉人仅用了两个多月时间。而从开工建设到基地封顶,王老吉人仅用了 9 个月时间。该基地成为雅安灾后第一个签约、第一个首期达产的项目,是王老吉在全国第一个集研发、生产、销售和文化为一体的综合基地,是灾后重建、造血就业、精准扶贫的示范基地。

2015 年 4 月 19 日,王老吉雅安生产基地一期量产,首期提供就业岗位约 500 个,年产 2000 万标箱王老吉凉茶。第二期将会追加投入,预计总产值将达 50 亿元,解决近 3000 人的就业问题。作为辐射整个西南市场的食品加工企业,王老吉雅安生产基地还将同时促进种植业、运输业等多个产业的发展,成为雅安市经济发展的重要产业支柱。

除了在产业和生态方面的重要作用,王老吉大健康产业(雅安)生产基地对当地民生也将发挥积极影响。项目的建成带来了大量的用工需求,让越来越多的灾区群众看到了在家门口就业的希望。家住芦山县的受灾群众杨林,就成功应聘到王老吉大健康产业(雅安)生产基地,成为一名企业车间工人,完成了从农民到工人的身份转换。"有机会到园区企业就业,不仅可以经常回家,还有一份稳定的收入补贴家用,顾家挣钱两不误。"杨林说,如果有机会,她还要介绍更多的人到王老吉就业。

家庭过期药品回收机制

　　"从 3 月 11 日上午 9 点到 3 月 12 日上午 9 点，广药白云山共收集过期药品 1072.6 公斤，打破了 24 小时内收集最多药品的纪录！"2014 年 3 月 14 日，吉尼斯认证官李白小姐宣布，坚持了十年之久的广药白云山家庭过期药品回收活动创造了一项新的世界纪录！谁也没想到这项中国企业首次在公益领域获得的世界纪录，竟是源自十年前那场席卷全球三十多个国家和地区的"非典"疫情。

　　时间倒回十年前，在"非典"的阴霾之下，全国各地相继出现板蓝根脱销。然而，疫情过后，民众当年囤积的药品开始面临过期问题。这引起了时任白云山和黄总经理李楚源的注意。

　　他想：食品变质了可以扔掉，药品过期却不能随便扔——不但会污染环境，而且一旦流入不法商贩之手，其危害毫不亚于毒品。于是，为了摸清家庭过期药的情况，白云山和黄针对家庭小药箱展开了一项调查。"报告拿到手上，心却越来越沉重。"结果比想象中的严峻——家庭药品中 30% ～ 40% 超过有效期 3 年以上，82.8% 的家庭没有定期清理的习惯。

"对于这些消费者意识不到的危险，需要企业做好跟踪、保障服务。"于是，2005 年 3 月，白云山和黄正式建立了"家庭药品回收（免费更换）机制"，为消费者更换家庭过期药品，

● 十年来，广药坚持回收过期药超过 1600 吨

这在全国乃至全球尚属首例，在社会引起强烈反响。更令人意想不到的是，这项投入巨大的活动广药集团一直坚持了十年之久。

近年来，广药集团投入费用逾 10 亿元，回收过期药超过 1600 吨。每被问到会继续做多久，李楚源总是坚定地说："我们会将它作为企业的基本政策一直实施下去，让广药白云山的关爱'永不过期'。"

药品有期爱无期，广药关怀永贴心。

黄手环的关爱承诺

母爱如水，父爱如山。儿行千里岂止母忧，父亲鬓角的白发，叫我如何报答？据阿尔茨海默病联合会估计，在中国有超过 1000 万人患有痴呆症。我国 80 岁以上的人群中 20% 患有痴呆症，而且发病率逐年增高。现在，人们时常在微信、微博上看到由老年痴呆症造成的老年人走失的信息，这给患者和家人都带来了很大的痛苦，而警方也为此投入了不少人力和精力。

关注阿尔茨海默病，关爱老人健康。2015 年 9 月 19 日，世界老年痴呆日来临前夕，白云山复方丹参片爱心公益基金举办了"关注老年痴呆症·冲击吉尼斯世界纪录"活动，携手PG20 连锁在老人院、高校及 PG20 连锁终端门店发放"防走失黄手环"，为关爱老人许下庄严承诺。

这场活动异常火爆。黄手环在广州白云山索道广场 9 点钟开始发放后，便陆续有市民前来领取。有几位老人家领取之后

● 为老人家佩戴"防走失黄手环"

就直接佩戴了起来，并向周围人开心地展示着，"戴起来就跟手表一样，很简单"。黄手环边区有个信息储存处，只需轻轻拔出便可将佩戴者的家人信息放置在内。在白云山索道广场的发放处，仅两小时就有近千人前来领取，当天广州共发放的黄手环超过了 15000 个。

"很多老人由于身体原因，大都患有不同程度的失忆、失智，严重的是老年痴呆，出门容易迷路。我们发放防走失黄手环，就是便于走失老人能在社会帮助下及时联系上家人。"白云山和黄的负责人说，"普通的老人也可佩戴黄手环，以便老人在急需帮助时，也可第一时间联系到他家人。"最后全国共发放了 10 万个"防走失黄手环"，并收到近 3 万份宣誓。白云山复方丹参片爱心公益基金成功创造了一项新的吉尼斯世界纪录，为这份关爱承诺增添了喜庆之色。

关爱还在升级。为进一步推动全社会持续关注老年痴呆，关爱老人，白云山复方丹参片爱心公益基金发布了中国首部关注老年痴呆症的纪录片《牵手·让爱回家》，纪录片唤起儿女们对父母的关心与呵护，更好地传递了"关爱父母，让爱回家"这一社会正能量。同时，启动关爱阿尔茨海默病患者家庭项目。斥资 1000 万给全国 1000 个阿尔茨海默病患者家庭提供包括健康检测、免费用药、有效护理指导等多项健康服务，力争提高老年人的生活品质及健康水平；同时对贫困患者家庭给予资助，减轻患者家庭负担。

践行公益十多年，白云山和黄秉持"爱心白云山"的核心理念，肩负社会之责。从全球首创"家庭过期药品回收免费更换机制"，到扶贫赈灾、教育助学，到2014年成立白云山复方丹参片爱心公益基金，再到2015年"关注老年痴呆·发放防走失黄手环"再创吉尼斯世界纪录，白云山和黄始终不忘初心，传递中国健康产业的正能量，为百姓健康的公益事业添砖加瓦，传承爱心公益"永不过期"。

● 白云山复方丹参片爱心公益基金在多处发放"防走失黄手环"

慰问海军南沙守备部队

2016年2月27日上午，广药集团白云山何济公主要领导携向秀丽雷锋志愿服务队代表等人员，带着何济公人对驻守南沙海军官兵的崇敬之情，来到湛江，围绕"传承红色基因，弘扬向秀丽精神，共筑强军之梦"的主题，联合海军南沙守备部队等，共同举行广药集团白云山何济公走进海军南沙守备部队，向南沙守备部队赠送701镇痛膏等品牌药品的慰问活动。

慰问交流中，官兵们讲述了许多鲜为人知的故事。在南沙群岛，时常可以看到一缕缕柔和的阳光透过云朵铺洒在海面上，成群的海鸥结伴飞行，微风轻轻吹拂，霞光映照脸庞，叫人心旷神怡。然而，你可曾知道，就是这样一个美丽富饶的地方，又被称为"海上生命禁区"。在远离大陆一千多公里的礁盘上，南沙守备官兵要遭受许多常人难以想象的磨难。高温、高湿、

● 慰问交流中，官兵们讲述了许多鲜为人知的故事

爱满人间

● 王老吉给官兵送去爱心清凉

● 广药集团白云山何济公走进海军南沙巡防区部队主题活动

高盐，缺乏食品、淡水，经常晕船、疼痛，夏天水泥地温度高达 60 多摄氏度，台风一刮就是十几级，这一切都极大地考验着人的意志。

南沙官兵常年经受烈日的暴晒，皮肤经常脱皮溃烂，发出如针刺般疼痛。许多战士还患上了风湿病、关节炎，腰不能直，腿不能动。此时，何济公送来治疗这些疾病效果非常好的皮炎平、701 等，这无异于给他们送来了一场及时雨……

在岛上，为了节约用水，战士的军衣被海水和汗水染得发硬。一次，有位领导登上了岛礁看望官兵，随手用水桶里的水洗了脸。官兵们看到了，却谁也舍不得倒掉，继续用领导用过的水洗刷。看到这些，所有人都沉默了！谁也想不到岛上的淡水竟然稀缺到如此程度！在南沙，官兵们面临的考验又何止是淡水的稀缺！除了淡水的稀缺，南沙官兵还经受着饮食关、寂寞关、想家关、炎热关和忍耐关等"十关"考验……可即便如此，战士们也从不言退，因为他们心中只有一个信念，那就是：人在礁在国旗在，誓与岛礁共存亡！

听了这一切，何济公人被深深地震撼了！谁也不曾想过，当我们和亲朋好友围坐一桌开怀畅饮时，有一群人还在为淡水的稀缺而发愁；当我们面对美食尽情享用时，有一群人却常年没有新鲜食物只能吃着罐头；当我们在恬淡的月光下携着恋人漫步花前时，有一群人却长期不能回家与亲友团聚只能把对亲人的思念深深地埋藏在心底……驻守南沙的将士就是这样时刻把祖国利益放在第一位，在孤岛礁盘上书写家国情怀，在波峰浪谷间彰显赤胆忠魂！

在开展慰问活动的这几天里，何济公人无时无刻不被感动。近几十年来，南海因其丰富的战略资源和重要的战略地位被周边国家觊觎。最近，一纸"仲裁"让南海一时间波谲云诡，更让军民上下群情激愤！同样秉承着红色的血脉，南沙官兵对蓝色国土炽热深沉的爱和广药何济公向秀丽精神紧紧地契合在一起。广药何济公人情系南沙，以实际行动支持守卫南沙的将士。就在前不久，广药集团和南沙守备部队结成双拥共建单位，何济公人再次向南沙守备官兵赠送了品牌药品。一箱箱药品，承载着何济公人对南沙守备官兵的深情厚谊，更展现出何济公人传承红色基因、弘扬向秀丽精神、共筑强军梦的豪情！所有的这一切，也让我们更加深切地感受到：只有军民团结，方能铸就无坚不摧的和平盾牌！

西藏圣域盛开的白莲

　　冰川纵横，山脉傲立，飞瀑凝烟，幽湖漾波，雅鲁藏布江奔流欢腾。蓝天白云下，壮美的云杉林和花海草甸间，广药白云山藏式养生古堡如一朵雪莲绽放于画中。

　　2016年10月1日，广药白云山位于西藏林芝鲁朗国际旅游小镇的援藏项目藏式养生古堡正式开业。古堡将藏医藏药的系统养生保健方法与林芝独特的藏地文化相结合，突出藏医藏药养生特色，不仅让游客体验到藏医藏药的神奇神秘，更是传承和发扬了藏医藏药的宝贵传统。养生古堡圣洁宁静，一个个广药援藏的故事正娓娓道来。

　　2006年，广药集团便与西藏雪原结下缘分。2010年以来，广药集团曾先后多次派出考察组进行援藏实地调研，认真制定"政治有高度、经济算总账、责任树形象"的援藏工作方针，完成了援藏合资公司的工商注册，迅速启动丹参、灵芝GAP基

● 时任广东省省长朱小丹考察广药集团的援藏工作

地建设，完成了藏灵芝孢子油以及特色新产品的研究和试产，特色林下资源商贸援藏等多项工作也在有条不紊地开展。至今，广药集团已累计向西藏地区捐赠款物超过1000万元，科技援藏、产业援藏、经贸援藏、民生援藏上均有突破发展，同时，聘请诺贝尔奖得主、"伟哥之父"穆拉德博士，以广药研究总院为研发平台，成立了西藏特色民族药物研发中心，进行藏医藏药的开发和以藏丹参、藏灵菇为主的药品、保健品开发。采用藏灵芝制作的广药牌灵芝孢子油、采用藏核桃开发的核桃乳已上市。同时，与西藏开展的妇清雪莲栓的科研合作也已获得《药物临床试验批件》。

广药集团援藏工作取得的成绩都被时任广东省省长朱小丹记在心里。2013年10月，朱小丹省长率团到林芝考察援藏工作，重点考察了广药的援藏工作进展，在当天鲁朗国际旅游小镇项目现场的办公会上，广药集团捐赠100万元物资支持小镇建设，朱小丹省长对广药的援藏工作再次表示肯定。2014年3月，朱小丹省长再次带团视察鲁朗小镇建设工作。这次，广药集团接过重担，欣然承担小镇藏式养生古堡的建设营运工作。

2015年3月21日，广药白云山藏式养生古堡建设项目在朱小丹省长的见证下正式开工，成为广州直飞林芝航线开通之后首个开工落地的援藏项目。项目动工后，项目组的成员夜以继日地进行项目建设，经过一年多的筹备，2016年的10月1日，广药白云山鲁朗藏式养生古堡的全貌终于展现在世人的面前。

莲花出淤泥而不染，至清至纯。藏传佛教认为莲花象征着修成正果。而静躺在湖光潋滟中的广药白云山藏式养生古堡就恰如一朵莲花，吐露广药集团援藏的芬芳，凝聚着广东与西藏的情谊。各位看官，有机会，一定得去看看这朵西藏圣域上永不凋谢的白莲。

梅州 "梅县西伯利亚" 开出的 "扶贫之花"

如今，驾车驶过梅县区松源镇，你就会见到蜿蜒的小溪穿村而过，清澈见底的溪水滋润着绿油油的烟叶，近处房屋错落有致，路灯、公园、广场、亲水步道一应俱全，远处青山含黛、云雾缭绕。望着眼前这幅烟雨诗意图，很难想象这里曾是个落后的省定贫困村。

5年前，3名"90后"小伙子，带着全国最大制药工业企业——广州医药集团有限公司的丰厚资源，从一线都市广州，来到了有着"梅县区的西伯利亚"之称的松源镇，开启了对松源镇湾溪、径口、园岭3个省定贫困村的对口帮扶之路。

自2016年5月开始，广州采芝林药业有限公司的罗如亮被派驻到园岭村担任驻村第一书记，开始带领着这里42户共127人走向了脱贫之路。产业方面，采芝林公司和大健康公司连同广州市协作办，在2019年以王老吉饮料原料之一——梅州仙草为核心，建构种植和收购产业扶贫对口帮扶链条。他们还投入资金42.76万元，帮助22户贫困户与种植大户、养殖大户、合作社等经营主体签订产供销合同，合作比例达81.48%，参与种养扶贫产业项目共28个。贫困户通过产业帮扶，年人均增收约6000元，帮扶项目包括柚子、烟叶、水稻种植等，累计增加贫困户收入85万元。

王卡是广药集团下属企业广州白云山星群药业股份有限公司派驻到径口村的驻村第一书记。和松源镇其他大部分的村子一样，径口村以种植烟草作为主要的种植业。多年帮扶让他深刻感受到，很多农民都知道要种烟草、养牛、养猪。但是怎么种好，怎么养殖好，其实都需要专业技能。所以，在扶贫的路上，也要因地制宜地"扶智"。多年来，三间对口帮扶村的农民夜校相继建成，定期邀请党政领导、专家教授、驻村律师、致富能手、专技人员和广药集团讲师为党员群众上课，讲授党建知识、农村实用技术、法律法规、创业致富经验等，致力建设成为农村基层学习交流的"大课室"、助力精准脱贫的"充电站"、凝聚党心民意的"连心桥"。

距离径口村6.8公里的湾溪村也是广药集团的帮扶贫困村之一。来自广州白云山光华制药股份有限公司的巫小锦也已经被派到湾溪村驻点扶贫4年多了。"没有劳动基础，如何帮助他们顺利脱贫，是个不小的难题，必须发展有长效收益的产业，不仅要帮贫困户脱贫，也必须要提升村集体的收益。"巫小锦说。广州白云山光华制药股份有限公司投入了企业帮扶资金44万元，加上统筹安排的38万元扶贫财政资金，扶贫工作队在湾溪村相继建成了50千瓦的村级光伏电站和40千瓦的贫困户光伏电站。村级光伏电站发电收益（约5万元／年）归村集体所有，解决了村集体经济基础薄弱的问题。贫困户光伏电站为贫困户带来稳定的光伏收益分红（每户约1000元／年），建立贫困村和贫困户的脱贫长效机制。

5年来，村子一天天美了，村民的信心足了，钱包鼓了，笑容更加灿烂了，3个村140户共352名贫困人口全部实现脱贫。与之相反，3名小伙子的皮肤黑了，头发白了，双手糙了，他们却说："这些年，我们早把松源当作'第二故乡'了，看着眼前这一切，值！"

除了对贫困村的对口扶贫外，广药集团在梅州也大力发展产业帮扶。2016年，广药集团启动筹划建设梅州大健康产业园，重点推进王老吉大健康梅州原液提取基地和采芝林梅州中药产业化生产服务基地。两个项目占地300亩，投资预算达5.3亿元，一期工程已竣工投产，为当地解决劳动力就业600多人，并带动当地仙草等相关中药种植产业发展，推动梅州中医药产业化进程。

此外，广药集团还在甘肃两当县、华池县等五个县设立"扶贫车间"，通过药材种植、采购、深加工和扶助当地特色产业等途径进行扶贫，并在兰州建设王老吉大健康生产基地，在陇西建设广药白云山中药科技产业园，打造集中药饮片生产、研发中心建设、现代中药材物流体系、中药标准制定等功能为一体产业基地，建立长效帮扶的"造血"引擎。不仅如此，在西藏、广西、云南、四川、新疆等十多个地区，广药集团均以"公司＋基地＋农户"模式开展当地优势药材种植产业发展，"授人以渔"，帮助当地农民致富。

● 广药集团王老吉大健康梅州原液提取基地

广药故事

第❶辑
红色广药

GUANGYAO GUSHI
传奇四百年·爱心满人间

GUANGYAO GUSHI - Chuanqi Sibainian Aixin Manrenjian

争分夺秒复产磷酸氯喹

2020年2月14日，阴冷的雨绵绵不绝，气氛十分紧张，白云山光华的同事正在雨中的机场急切地盼着一批珍贵原料的到来——磷酸氯喹原材料。当时，对于这一原本用于治疗疟疾的老药能否有效治疗新型冠状病毒肺炎，还没有最终定论，但时间就是生命，必须争分夺秒抓住任何机会！

原料厂春节后复产的第一批磷酸氯喹原料提前3天交货。"当地的同事一路护送这批原料到了机场，乘 CZ2839 航班飞往广州，广州这边也有同事在机场守着，等着这一批珍贵的物料。在机场的特批下，采购专员当晚就完成了提货手续，冒着风雨把原料运回公司。原料在疫情紧张的情况下迅速到位，一分钟都没耽搁。"白云山光华党委书记、董事长黄坤荣回忆道。

2020年是特殊的一年，新型冠状病毒肺炎爆发，迅速蔓延全球。在爆发初期，针对其治疗的特效药研发显得极为迫切。

作为一款传统的抗疟药物，磷酸氯喹很早就进入了全球科学家的视野。2020年2月15日，科技部中国生物技术发展中心主任张新民在新闻发布会中提到，针对新型冠状病毒，科学家们已经进行了多次药物筛选，逐渐聚焦于磷酸氯喹、瑞德西韦等药物。两天后，也就是2月17日，中国生物技术发展中心副主任再次在新闻发布会中提到磷酸氯喹——研究显示，它对新冠肺炎的治疗有效，推荐将该药物快速纳入新一版的诊疗方案，扩大临床范围。

在中国，只有包括广药集团光华制药在内的32个厂家有生产批文，其中大多数已在新冠疫情爆发前停产。早在2020年2月3日，广药集团就接到了广州市新型冠状病毒肺炎疫情防控指挥部的指示，开始磷酸氯喹片的自主生产。

广药集团党委书记、董事长李楚源介绍："由于该药20多年未生产，按照正常时间至少需2个月才能完成从采购到重新上市。但是基于疫情的紧迫性，经省市相关部门协调，光华制药根据广药集团'两不两保'的承诺（不停工、不提价；保证产品质量、保证公益为上），不计成本，通过夜以继日的努力，在短短的两周内就完成了从采购到申请复产的全过程。"

围绕自主生产磷酸氯喹片的启动，白云山光华制药高效、务实、快速地采购了原料。公司于2020年2月4日与重庆一厂家落实了磷酸氯喹原料，并派专人前往原料厂跟进生产进度。同时安排试产工作，进行了试剂级原料用于处方工艺小试研究，并同时开展了产品包装、标签、说明书等包装设计工作，完成了生产前的所有准备。

针对磷酸氯喹片应急恢复生产，企业投入了 20 名科研技术人员，连续 3 天不间断进行复产技术攻关，按相关要求完成复产前研究工作，确保产品质量。生产部和质量部也同时安排近 60 名生产及检验人员，连续 4 天 24 小时不停工，完成首批产品生产检验，使正式上市时间较计划提前 3 天以上。一切就

● 应防疫药物需求，白云山光华迅速成立磷酸氯喹突击队，恢复生产，连续运作不停工

绪后，企业便安排工人 24 小时不间断生产该药品，以实际行动践行了国企的责任与担当。

2020 年 2 月 17 日，也就是科技部明确磷酸氯喹治疗新冠肺炎有效的当天，光华制药顺利取得磷酸氯喹的药品补充生产批件，正式恢复生产，每天最大产能能达到 200 万片。

除了确保国内供应，广药集团还启动了国际抗疫援助，第一时间投身于磷酸氯喹全球驰援行动，在稳定供应磷酸氯喹片中国市场后，通过大使馆、基金会、经销商等机构积极与各国取得联系，力求在当时"一颗难求"的环境下，把爱心接力到世界各地。

出色的抗疫表现让白云山光华焕发出耀眼的荣光。2020 年年末，共青团广东省委员会、广东省交通运输厅、广东省卫生健康委员会等 14 个单位联合印发《关于命名第 20 届广东省青年文明号的决定》，广药集团旗下广州白云山光华制药股份有限公司创新研发团队荣获"战'疫'特别推荐广东省青年文明号"。

让党旗在抗疫前线高高飘扬

"我是一名党员，责无旁贷！"2020年的大年初一，恰逢新冠肺炎疫情防控阻击战在中华大地骤然打响，原本已经回梅州老家过年的白云山陈李济车间主任、"70后"党员黄志基接到了复工复产的号召。他二话不说，买了车票就匆匆赶回广州，投入到了陈李济车间的生产工作中，"我经历过非典，深知在疫情面前制药人应担负的责任。"

黄志基并不是一个人在战斗。广药集团陈李济药厂的喉疾灵胶囊被纳入为广州市防控新型冠状病毒感染肺炎应急物资。白云山陈李济党委向基层党组织和全体党员发出支持配合喉疾灵胶囊生产的倡议。党员纷纷在各党支部微信群接龙，退休党员也提出回厂支援包装。两个小时内共收到110人报名。以"党员带头战'疫'"为口号的白云山陈李济杨殷红色突击队也马上行动起来。大年初二，广州当地的员工基本都到岗了；大年初三，粤西粤东的员工回来了；大年初四，车间全产业线都运作起来了，安全保障部门、后勤保障部门、物流部门都配备齐了……每天，应急防控药物喉疾灵胶囊在这里源源不断地生产出来。

疫情爆发以来，广药集团敦促所有下属企业尽一切能力，不计成本确保春节及疫情防控期间的抗病毒类药品、抗菌消炎药品、消毒感控产品等国家战略储备药品及医疗器械的生产、储备和供应。在这个特殊的春节，广药集团旗下白云山和黄中药、花城药业、光华药业、王老吉药业、中一药业、明兴制药、汉方药业、陈李济、敬修堂、星群药业、广州医药公司、采芝林等公司均已集结到位，加班加点投入抗疫药品物资的生产、储备和供应中，包括白云山板蓝根、花城药厂抗病毒口服液、王老吉药业克感利咽口服液、光华小柴胡颗粒、明兴清开灵、陈李济喉疾灵胶囊等需求量较大的产品都在协调生产，确保应急药品的供应。

在"看不见的供给线"上，活跃着广药集团众多党员的身影。广药集团党委向全集团240多个基层党组织、近7000名党员发起号召，全集团基层组织充分发挥政治核心和战斗堡垒作用，党员发挥先锋模范作用，坚持"两不两保"的承诺，全力以赴打好疫情防控阻击战。

2020年2月4日，广州医药股份有限公司收到来自政府的紧急采购需要，要求通过海外资源进行储备。医药公司党委书记、董事长郑坚雄亲自接手了这项任务，带领负责采购、业务销售、配送的党员骨干冲到最前面，并开启与南航、国航、省药检所、中远海运空运公司的联合接力。从2月4日接受任务，到2月8日完成货物入库送达清远人民医院，公司完成省储药最先启动全球采购、最先采购到、最先到达、最先出药检、最先送医院使用、最大单笔采购、拥有最多数量的跨国采购任务。

"辛苦你了，老婆！麻烦你照顾好女儿。我很荣幸能为抗疫出一份力，产品要紧。"这是广药集团白云山中一药业一名"90后"党员区锋华在将要进入药品生产线洁净区时给妻子打的电话。在广药集团，众多如区锋华一样的党员正冲锋在前支持抗疫，生动诠释共产党员的使命担当。

此外，广药集团为确保防护服、口罩等应急防护物资的有效调配和收储，24小时守护"看不见的供给线"。作为广东省制定的防疫重要物资收储企业，2020年1月19日，广药集团旗下全国医药流通龙头企业广州医药集团有限公司要求全体采购人员取消休假，全力做好采购订货工作，制定24小时值班制度，开通绿色配送通道，保证紧急配送1小时送出。在市面相关药品器械的零售价格上涨时，公司承诺绝不涨价，健民医药、大药房等零售药店照常营业。在疫情面前，筑起"看不见的供给线"，保障人民群众的健康。

2021年5月21日，广州出现两例变异株新冠肺炎病毒感染本土病例，疫情有复燃蔓延趋势，广药集团党委迅速号召，

全体员工闻令而动，不舍昼夜地加入了这场疫情阻击战。截
至 6 月 22 日，全集团累计支援荔湾区、海珠区、越秀区共计
3716 人次，其中党员 1820 人次。他们的身影活跃在防疫一线，
也用行动讲述了许多防疫故事。深夜的路灯下，广药民兵守卫
在一线通宵支援；购药有难题，广药迅速搭建购药绿色通道；
一轮又一轮核酸检测现场，党员突击队冲锋在前；从疫情起了
苗头到清零，壹护公司共计生产口罩 550 万个，并已向社会供
应近 250 万个……最终，广药集团助力广州在短短的一个月之
内扼制了疫情的蔓延。

● 疫情爆发之初，广药集团党员勇担使命，主动放弃春节假期，
投身生产线，为战"疫"前线"输送弹药"

硬核抗疫，爱心驰援

　　庚子年春节假期，本来是一家团聚的时光，广药一线员工收到紧急通知，因抗疫前线医药物资紧张，须立即复工复产，情况十万火急。广药人勇担使命，回到岗位上，为抗疫前线医护人员备"弹药"。自春节以来的防控关键期，广药集团5000余名员工投入抗疫一线，旗下各制药公司率先复工复产，"人倒班、机不停、连轴转"，全力生产防疫应急药物。商业公司则充分发挥药品储备承储平台的作用，累计收储各类防护用品超过1亿件，全力稳定产业链和供应链。

　　在整个战"疫"过程中，火神山、雷神山、钟南山和广药白云山被公众誉为"四座大山"，广药白云山代表的正是负责战疫物资和药品的生产、储备、采购和配送。

　　自新冠疫情发生以来，作为全国最大的制药企业集团之一，广药集团快速响应、积极行动，诠释了同舟共济的社会责任，展示了一个医药企业和国有企业的使命和担当。疫情发生以来，广药集团向全国捐赠超过2500万元的物品及防护物资。疫情蔓延全球后，又先后向印度、美国、贝宁等国家和地区捐赠大量防疫物资与药品。

疫情爆发之初，广药集团承担起作为广东省和广州市药品药械和防控物资储备承储单位的责任与使命，对外作出"两不两保"的郑重承诺："不提价、不停工；保证产品质量、保证公益为上"。

早在大年初三，广药集团就率先通过广东省红十字会向湖北、广东等省份捐赠价值1200万元的药品、防护用品等急需物资，这是当时医药企业为抗击新型冠状病毒最大一笔捐赠。其中，广药集团还通过专车千里驰援武汉，为武汉华中科技大学同济医学院附属同济医院送上一批价值共计300万元的疫情防控物资。此外，白云山医药销售公司向湖北荆州市中心医院等重点收治新冠肺炎病人的医院捐赠价值800万元的麻醉／脑电意识监测仪。

"这批药品真的太及时了，解了燃眉之急！" 2020年2月9日，当一批磷酸氯喹连夜送达清远市第一人民医院时，院方代表十分激动。为助力抗疫一线救治，广药集团启动磷酸氯喹全国捐赠活动，把首批生产的50万片磷酸氯喹片全部捐赠到抗疫一线。

岂曰无衣，与子同袍。自疫情发生以来，广药集团时刻牵

● 疫情爆发之初，广药集团发扬"爱心满人间"企业理念，向广东省红十字会捐赠价值 1200 万元的急需药品物资

挂着贵州地区疫情发展情况。在持续推进产业扶贫开展的同时，对当地的抗击疫情工作给予大力的援助，向毕节市捐赠 50 万元疫情防控药品物资，并向贵州省捐赠了 10 万片抗疫药物磷酸氯喹片、1200 盒小柴胡颗粒等药物及各类防控物资，以实际行动支持贵州打赢抗击疫情阻击战。

广药集团王老吉、采芝林联合广东省中医院研制了预防 1 号方和预防 2 号方凉茶，并将首批 5 万份"流感病毒中药预防方"凉茶捐赠给驰援湖北武汉一线的广东中医医疗队、湖北省中西医结合医院和雷神山医院。

广药集团还把爱心传递到全球多个国家。2020年4月1日，在白云山和黄中药的厂房内，首批10000包出口装板蓝根正准备装车"远航"海外。4月2日下午，一箱箱贴着波斯文"四海之内皆兄弟，兄弟犹如手足情"标语的爱心物资，被运送到伊朗伊斯兰共和国驻广州总领事馆，那是广药集团白云山光华公司通过中国马克思主义研究基金会向伊朗捐赠的5万片磷酸氯喹片。4月28日，集团向贝宁共和国驻华大使馆捐赠防疫物资，其中包括白云山光华公司小柴胡颗粒10000袋、磷酸氯喹片10200片、白云山和黄公司板蓝根颗粒10000袋，以及白云山光华保健食品公司小分子蛋白肽粉360袋。

4月18日下午，广东省副省长张新、中山大学党委书记陈春声与非洲国家驻穗领团团长、马里驻穗总领事艾丽玛·加库，以及埃塞俄比亚、苏丹、赞比亚驻穗总领事，加纳、科特迪瓦、安哥拉等国驻穗领事代表共同来到中山大学北校区探望非洲国家留学生代表。广东省副省长张新和各国领事向9位非洲国家留学生代表送上一份来自广药集团的防疫"健康包"，并向他们表达了亲切问候。此外，在疫情防控关键期，集团还为境外返穗来穗人士提供2万份"防疫暖心包"，隔离病毒，不隔离爱。

2021年5月21日，广州出现两例变异株本土病例，疫情有复燃趋势，广药集团持续传递爱心，坚持抗疫物资供应不间断。截至6月21日，先后开展239场捐赠慰问活动，捐赠价值300万元。助力广州阻止疫情向全国蔓延，守护"南大门"。

西地那非的爱心之举

2019年的一天，河南许昌 8 岁女孩小雅，跑到药店买西地那非，引发争议，有药剂师现场质疑"家教不严"，而小雅母亲只得流泪解释真相。原来小雅 3 岁就患上肺动脉高压，小雅是靠西地那非续命，已经 5 年。"药不能停，停了等于窒息，就靠这药续命，而且每天都吃，算下来一年至少要吃 1095 颗。"这番话令人震惊又痛心。

肺动脉高压（Pulmonary Hypertension，PH）是一种肺血管疾病，随着患者肺部血管阻力的持续性升高，肺动脉高压患者会因缺氧导致嘴唇呈蓝紫色，因此他们也被称为"蓝嘴唇"。目前，肺动脉高压尚无完全治愈的方法，患者只能通过持续不断的药物治疗来维持生命，近年来随着多种靶向药物的上市，患者的预后得到很大程度的改善，但目前具有适应症的药物基本上依靠进口，价格昂贵，且很多地区没有纳入医保，这给"小雅们"带来巨大的家庭压力和经济负担。而大家所熟知的治疗男性勃起功能障碍的药物"伟哥"（西地那非），是治疗肺动脉高压的较为经济、有效的药物之一。

小雅的故事依靠互联网的力量不断传递。广药集团党委书记、董事长李楚源看到后，感到非常痛心，指示白云山医药销售公司党委书记、董事长裴泽建要尽快找到这个孩子，奉献企业爱心。

2019年9月12日，正值中秋节前夕，白云山医药销售公司通过公益组织、媒体记者牵线搭桥，与小雅妈妈取得联系，辗转千里从广州来到了小雅家，进行慰问。白云山医药销售公司工会主席黄小凌一行带着书包、水彩笔、画纸等学习用品，王老吉刺梨月饼及油米面等生活必需品来到小雅家，进行了现场慰问，与小雅妈妈亲切交谈，了解小雅病情及家庭困难。

小雅很瘦，但很爱笑，很乐观。她当时在吃饭，但只吃了一点点。她妈妈说不敢多吃，不敢多喝水，多了加重心肺负担，只能少吃多餐。虽然如此，但小雅性格开朗，喜欢画画，当场用画笔作了一幅"小花朵"美少女的自画像，用略显生涩的线条、明快的色彩，勾勒出一个对困难不低头，积极乐观面对疾病，充满阳光的女孩形象。正值放学，因小雅不能像正常孩子那样跑动，她爷爷只能每天用三轮车或简便推车接送，有时还需要吸氧，在场的所有人都纷纷泪目。

当得知小雅父母双双下岗，没有经济来源，小雅除了吃药之外，还要定期进行昂贵的各项检查，家庭已经债台高筑时，黄主席代表企业当即捐赠10000元，尽一份绵薄之力，希望能够解"燃眉之急"，并承诺，如果医生认为西地那非适用于小雅病情，首期将无偿捐赠3年的用药，切实解决这部分的用药负担。并且，计划联系广州呼吸健康研究院钟南山院士团队的专家为小雅进行会诊。

广药白云山一直秉持"爱心满人间"的公益理念，一直在积极行动，不断推动西地那非在肺动脉高压方面的研究和临床运用，积极支持学术交流和年轻医生的培训学习，联合临床医生、社会公益组织，积极开展科普教育以及爱心援助。2017年，在钟南山院士、广州呼吸健康研究院、广州医科大学附属第一医院及社会各界爱心人士的支持下，与爱稀客肺动脉高压关爱中心共同发起"白云山金戈·蓝唇新生计划"爱心援助，向已确诊并符合服用枸橼酸西地那非片的肺动脉高压患者赠送药物，助力"蓝嘴唇"们重获新生。该项目已精准帮扶了300多名肺动脉高压患者，2019年5月该项目第二期启动，再次捐赠126万元。

● 广药集团领导组建团队看望慰问患有肺动脉高压的小雅，捐款捐药，发扬"爱心满人间"精神

带动"野果"变"金果"

　　成吨的新鲜刺梨源源不断运往原液厂，经过加工变成刺柠吉天然高维 C 饮料，进入了全国市场。贵州茶香村农户也因种植了刺梨，脱贫致富，盖起了大平房，买上小汽车。这些是发生在东西部扶贫协作背景下，广州对口帮扶地区——贵州黔南真实发生的脱贫故事，以广药集团对口帮扶贵州、打造百亿时尚刺梨产业为缩影，新时代的乡村脱贫与振兴已然呈现出全新的面貌。

　　2021 年 2 月 25 日上午，全国脱贫攻坚总结表彰大会在北京人民大会堂隆重举行。大会表彰了全国脱贫攻坚先进个人和集体，广药集团荣获"全国脱贫攻坚先进集体"称号，是广州唯一获此殊荣的市属国企。此外，广药集团还荣获了"广东省2016-2018 年度脱贫攻坚突出贡献单位"称号和贵州省"脱贫攻坚先进集体"称号，"帮扶贵州刺梨产业项目"成为广州市唯一入选国务院扶贫办"2019 年企业精准扶贫专项 50 佳"案例。

这一切要从一个小果子说起。

刺梨是云贵高原特有的山珍野果,其维生素 C 含量是苹果的 100 倍、柠檬的 50 倍,但受限于酸涩的味道、知名度不高等原因,一直无法走向全国。庆幸的是,2018 年底,广东省委书记李希、省长马兴瑞带队考察贵州,指示广药集团对口帮扶贵州刺梨产业。广药集团接到指示后,迅速行动,制定了帮扶贵州发展时尚生态刺梨大健康产业"136"方案,用 98 天高效开发出了刺柠吉饮料、龟苓膏、润喉糖等时尚健康产品,让刺梨这一小野果走出大山,让这张响亮的产业名片迅速进入全国人民的视野。

"现在我种了 20 多亩刺梨,加上出售刺梨苗,年收入可达 10 万元左右。现在广药集团也加入到刺梨产业的发展中来,相信以后会越来越好。不少像我一样的农户因为刺梨产业蓬勃发展而脱离贫困。我们过去种玉米、苞谷,只能住茅草房,吃不饱饭。现在大家都慢慢开始种刺梨、培养刺梨苗销售,家家户户有房有车。这正是我们理想中的小康生活。"贵州省贵定县火炬村的老支书彭玉先说。

刺梨的酸涩最终化作喜人的甜蜜,为东西部协作打开了优势互补、互利共赢的新局面。刺柠吉系列产品在 2019 年上市不到一年,销售额便突破 1 亿元,在 2020 年更是突破 5 亿元,2021 年突破 10 亿元,带动贵州刺梨生产加工企业销售额同比增长 30% 以上,贵州从事刺梨加工生产的企业数量同比增长了

50%，刺梨相关的品牌注册量增幅超过了80%，为贵州省全面脱贫作出突出贡献。

不仅是果农，当地的刺梨相关生产企业也迎来了腾飞发展的机遇。广药集团在黔南州惠水县设立了王老吉和刺柠吉加工基地，占地300亩，设有王老吉和刺柠吉专业生产线。毕节市七星关区也设有刺柠吉润喉糖生产基地，占地75亩，已建成标准化的润喉糖生产车间。其中，惠水刺柠吉生产基地日产量已达到王老吉凉茶60万罐、刺柠吉60万罐，为当地提供180个就业岗位，其中大部分是山区移民户和建档立卡户，同时带动了当地原料种植、运输等相关产业的发展。

● 刺柠吉带动贵州当地刺梨产业快速发展

广药故事
GUANGYAO GUSHI

编辑委员会

广药故事

第 2 辑 绿色广药

传奇四百年　爱心满人间

GUANGYAO GUSHI
Chuanqi Sibainian Aixin Manrenjian

广药集团企业文化建设委员会　编

广东旅游出版社
GUANGDONG TRAVEL & TOURISM PRESS
悦读书·悦旅行·悦享人生
中国·广州

图书在版编目（CIP）数据

广药故事：传奇四百年，爱心满人间．2，绿色广药／广药集团企业文化建设委员会编．— 广州：广东旅游出版社，2016.12（2022.5重印）

ISBN 978-7-5570-0640-2

Ⅰ．①广⋯ Ⅱ．①广⋯ Ⅲ．①制药工业－企业集团－企业文化－广州 Ⅳ．① F426.7

中国版本图书馆 CIP 数据核字（2016）第 254344 号

出　版　人：刘志松
责任编辑：林伊晴
封面设计：艾颖琛
装帧设计：冼志良
责任校对：李瑞苑
责任技编：冼志良

广药故事：传奇四百年，爱心满人间（第 2 辑 绿色广药）
GUANGYAO GUSHI:CHUANQI SIBAINIAN,AIXIN MANRENJIAN(DI ER JI LÜSE GUANGYAO)

广东旅游出版社出版发行
（广州市荔湾区沙面北街 71 号首、二层　邮编：510130）
邮购电话：020-87348243
佛山家联印刷有限公司印刷
（佛山市南海区桂城街道三山新城科能路 10 号自编 4 号楼三层之一）
889 毫米 ×1194 毫米　32 开　5 印张　94 千字
2016 年 12 月第 1 版　2022 年 5 月第 3 次印刷
印数：14001-24000 套
总定价（全三册）：138.00 元

广药故事

邓铁涛 题

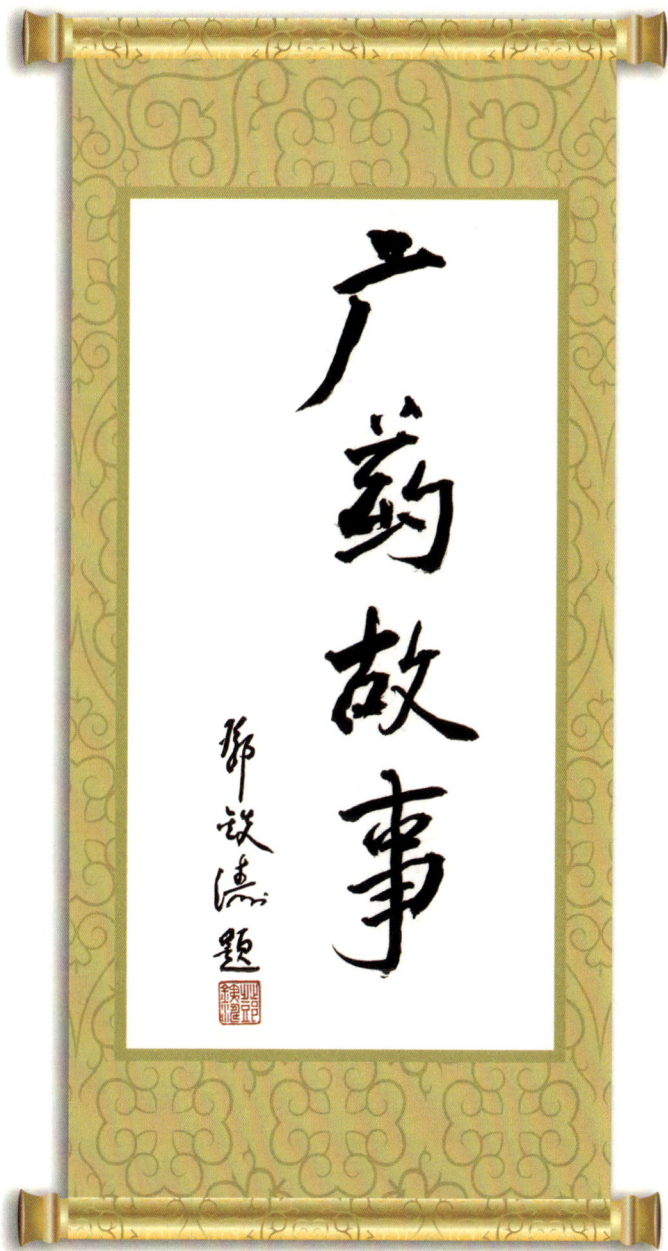

博大精深的中医中药是中国文化的重要组成部分。
中华民族得以繁衍至今，中医中药厥功至伟！从
神农尝百草到黄帝传内经，从伊尹创醪醴、扁鹊著难经
至汉张仲景集医术大成，后世有规可循；唐孙真人大医
精诚作千金，明李时珍殚精竭虑修本草。千百年来，中
医中药得以长盛不衰，除了中医人的不懈努力外，还有
许许多多的医药企业作为很好的载体创新发展，而广药
集团就是其中的佼佼者。广药集团旗下拥有多家百年老
字号，包括"陈李济""敬修堂""潘高寿""王老吉"
等，以及众多知名品牌医药企业，富有深厚的文化底蕴，
其历史悠久，名方、好药众多，也有甚多值得传颂的好
故事。此次，广药集团将企业的好故事整理成篇，让更
多人了解其红色历史、百年老店及发展历程，这个很好。
我从小在广州龙津东路长大，从前那里医馆云集、老药
号众多，有很多广药集团旗下的牌子，我是非常熟悉的。

广东的中医药事业发展得很好，广药集团是个很好的品牌，也做出了突出的贡献，特别是在非典期间，在面对灾难的时候，企业仍坚持生产好药、热心公益，实属难得！

中医药是中华民族的国粹之一，随着中医药的发展被纳入国家发展战略规划，广药集团将迎来更多的机遇。

一个优秀的企业，一定是有故事的企业；一个优质的品牌，也一定是有故事的品牌。愿广药集团不断创新，不断超越，越办越好。

是为序。

国医大师 禤国维

2016 年 12 月

中国人民有爱听故事的传统，中国文化有善讲故事的传统。五千年来，故事作为一种承载文明的载体纽带，早已深深刻入中华民族的集体意识中。党的十八大以来，习近平总书记在多种场合以故事讲发展、谈励志、说警示、论情怀，并明确要求"讲好中国故事，传播好中国声音"。捧在读者诸君手中的《广药故事》，就是广药集团响应中央号召，奉献给这个伟大时代的一份心意。

诚然，在互联网时代开讲传统故事，需要极大的勇气。广药的勇气，源于自身高度的文化自觉和自信。广药，从故事中创始，明万历二十八年（1600年），广东医士李升佐因拾金不昧结识商人陈体全，两人合伙创出世界最长寿药厂也是广药旗下历史最早的企业——"陈李济"；广药，在故事中砥砺，历经四个多世纪的沧桑，广药旗下现有中华老字号企业12家，包括被誉为"凉茶始祖"、品牌价值高达1080亿元的"王老吉"，其中超过百年历史的有10家，再加上后

续进入广药的数十个企业和品牌，家家都有"一大箩"精彩故事，这些故事串起来，就是一棵神奇的岭南医药文明"故事树"；广药，又由故事中丰收，好的故事成为企业发展的催化剂，经过一代代听惯广药故事的员工持续奋斗，如今广药已连续多年跃居中国制药工业百强榜首，成为全球首家以中药为主业进入世界 500 强的企业。

毋庸置疑，广药好故事，是广药珍贵的传家宝，是一笔巨大的国有无形资产，每一个广药人都负有为之保值增值的义务。为此，广药集团将"讲好广药故事"视为企业文化建设的最大特色，我们除了发动公开征集故事活动，还举办员工讲故事大赛，推动好故事出书、上墙报、登报、联网。如今，广药集团人人以故事自豪，人人可讲故事，通过讲好广药故事，振奋自身，感染他人，传递爱心。故事文化，成了广药在现代企业文化之林中一道亮丽的风景线。

所谓故事，就是通过叙述的方式讲一个带有寓意的事件。广药故事曲折情节、精彩叙述的背后，都有一个鲜明的寓意——爱心满人间。读广药故事，你会强烈地感受到：广药人以"爱心满人间"为企业愿景，始终秉承"合作济世，诚实奉献，勤奋创新"的核心价值观，以"关爱生命，追求卓越"为使命，长期持续地传承、创新、超越。《广药故事》百篇，一言以蔽之，曰：传奇四百年，爱心满人间。

　　求木之长者，必固其根本；欲流之远者，必浚其泉源。广药得以传奇世间，全在其所公认的亦是独有的三大基因，一是"红色基因"，诞生于广州这片中国近代与现代革命策源地的广药，始终与"红色血脉"紧紧相连，培育了中国共产党早期领导人、广州起义的组织发动者之一、中央政治局常委兼军事部部长杨殷，孙中山卫队长李朗如，中国"双百"模范向秀丽等先辈英烈，王老吉更曾为林则徐、毛泽东等英

雄伟人除病祛疾，留下佳话；此后，广药自觉传承红色血脉，持续盛产英雄、劳模、先进基层党组织，基因所系，红旗飘扬。二是"长寿基因"，广药一家拥有世界最长寿药厂、最古老凉茶、最持久过期药品回收活动等五项吉尼斯世界纪录，广药自陈李济药厂创立起，旗下超过百年历史的企业已达10家，持续屹立近500年不倒而愈发茁壮，此中奥秘，唯有长寿基因。三是"创新基因"，从陈李济首创蜡丸、王老吉成"凉茶始祖"，到白云山制药两口铁锅创业成全国楷模、红罐红瓶王老吉"零起步"而领跑中国，广药特有南粤"敢为天下先"的气质，旗下各企业各品牌在科技、管理、营销等多领域创新不止，不断驱动广药发展。

"三大基因"让广药恒久壮大，也为这家传奇的企业集团渲染上鲜亮的"性格色彩"——中华红、长寿绿、创新蓝。本书由广药集团企业文化建设委员会主持编著，委员会专门发起了大规模的公开征集采集故事活动，并从中精选100篇广药故事，分辑红、绿、蓝三册，对应三大基因。习近平总书记谆谆教导我们：新时期讲好中国故事尤其需要注重创新传播，要采用读者乐于接受的方式、易于理解的语言。本书的每一篇故事篇幅都不长，语言通俗晓畅，富于传统中医药和岭南地方特色，全书采用手绘配图的方式，力争让广药故事读起来赏心悦目。

本书编辑过程中，得到广药广大新老员工和关心关注广药的领导及社会贤达供稿的大力支持，由于稿件来源多、历时长，整合力度较大，本书没有为每一篇故事具体署名，而是采取集体署名的方式，体现广药人的集体传承和群众智慧。特别感谢国医大师邓铁涛于百岁期颐之年为本书题写书名，感谢国医大师禤国维为本书欣然作序，正是两位泰斗为代表的医药界前辈的亲力鼓励，让广药故事平添新的华章。

绽放四百余年，广药必将延续"爱心满人间"的传奇，不断诞生新的精彩故事，因此，我相信红绿蓝《广药故事》将会有第三版、第四版……持续编辑出版下去，版版皆不变的，是广药的一颗爱心、三大基因。

广药集团董事长、党委书记 李楚源

2016 年 12 月于广州沙面

目录

绿·生态中药

绿·健康密码

绿

◆
基业长青

陈李奇缘，合创世界最长寿药厂

在我国漫长而宝贵的医药宝典中，一直流传有"北有同仁堂，南有陈李济"一说。据考证，陈李济创建于明朝万历二十八年（1600年），比同仁堂还早69年，是吉尼斯世界纪录的"最古老的正在运营的制药厂"，四百年不倒。

公元1600年，广东南海县商人陈体全乘船回广州，不慎将货银遗落在船上，被同船的李升佐拾获。李同为南海县人，颇通医道，在广州经营一间中草药店。李升佐终日在码头等候，终将遗银归还失主。陈体全有感李升佐品德诚实，意欲酬报，被李婉言谢绝，陈体全干脆拿出遗银半数，投资于李升佐经营的中草药店，陈李两人纳下合伙文书："本钱各出，利益均沾，同心济世，长发其祥。"并将店号定为"陈李济"，意为"陈李同心，和衷济世"，"陈李济"由此成为中国技术与资本合作的股份制公司的最早雏形。两人甚至还立下陈李两家族

● 陈李两人纳下合伙文书："本钱各出，利益均沾，同心济世，长发其祥。"

互不通婚的"家规"。自此，"陈李济"的店号在广州城南双门底（今北京路194号）挂起。

　　四百二十余年来，一代代陈李济人始终恪守那纸十六字合伙文书，坚守古方正药所提倡的"合作""济世"的理念，也成为广药白云山传承的核心精神之一。

　　清末民初，广州城经常发生火烛，而官方没有设消防设备，一旦有火灾，各家自理。老百姓在遇火烛时常常束手无策，损失惨重。陈李济司理和股东研究，决定成立义务消防队，购置三部消防车，还有一药箱随行，以备救急。消防队旗为黑色，上书"陈李济"三个白字（消防车、木桶也写上），

一旦某处发生火灾，队员立刻停产出动。有这样的活广告，老百姓们平时买药，首先想到北京路的陈李济也就不意外了。

"老字号、老地方、老产品"，这是陈李济内部的一句"三老"名言。"老字号"容易理解，"老地方"是指陈李济几百年始终在北京路这一处所在（近些年才搬家），"老产品"则是指乌鸡白凤丸、壮腰健肾丸等一直延续至今。陈李济之所以能活到416岁，时至今日仍是一个活力四射的中药企业，常变常新是关键。最叫人拍案叫绝的，莫过于它创造了蜡壳药丸的制作工艺，这在当时中药行业里领导药品包装新潮流好长一段时间。令人瞩目的是，20世纪80年代初，联合国教科文组织专门选择陈李济的蜡壳丸生产工艺，拍成电视录像片，向全世界广为推荐。愈是民族的就愈是世界的，这在陈李济产品身上又一次得到印证。

在陈李济中药博物馆里收藏了一本药书《良药集》。发黄的纸页，详细记载了陈李济冠誉市场的各种古方正药，如参茸白凤丸、千金保孕丸、乌鸡白凤丸、养心宁神丸等等，也详细记载了陈李济各个支店的地址和联系方式，广州、佛山、上海、澳门、香港及海外的新加坡，中英文的双语文字中，逐步呈现了一个中药国际化的"黄金时代"。

据史料记载，当时，随着华人出国谋生，陈李济的产品由于质量优、价格廉，且便于携带，许多出国谋生的国人为防病所需，携带出国，进而引销到新加坡、马来西亚、越南、泰

国、缅甸、印尼等地。清道光六年（1826年）陈李济又在广州十三行开设一个批发行，作为产品输出、洋药原料输入的口岸贸易机构。

民国时期，随着铁路、海运等交通方式的发展，陈李济外向型经济不断发展。1922年，陈李济在香港皇后大道中206号开设香港分行，在卑利乍街开设制造厂，为发展对外贸易奠定了基础。1935年又在上海北四川路开设上海分行。抗战爆发后因不便经营，遂将上海分行职员改派往新加坡大马路再设分行。1938年广州沦陷，陈李济老铺被毁，生产经营移至佛山及其他分行。

● 陈李济独创储藏陈皮之法，百年而无虫霉之变

1942年香港沦陷时，香港分行转往澳门新马路开设分行。1943年陈李济再回到上海，选址新昌路119弄6号开设分行，主营陈李济品牌的"丸散膏丹"四种剂型的中成药品。1945年抗战胜利后，陈李济老铺随即恢复生产，业务逐步好转。1948年，分别在马来西亚和台湾筹办分行。所有这些药行，形成了一个跨省、跨国的经济网。

现今，陈李济已逐步发展成为一个现代化的中成药制造企业，隶属于广州医药集团有限公司，也是上市公司广州白云山医药集团股份有限公司的全资子公司。作为广州市老字号协会的会长单位、广药集团历史最悠久的中华老字号企业，陈李济也是广药集团"大南药"板块核心品牌之一。陈李济也在逐步探索和实践，以陈李济传统文化为引领，传承发展陈李济的古方正药，为繁荣中医药事业，推进中医药大众化、现代化、国际化、科普化的四化建设做出贡献。

《良药集》旧照

中一药业，始终如一

　　岭南自古便是中医药发达之地，民间药店发展非常普遍，尤以南方的商业中心、繁华之地广州为甚。在广东现存的"中华老字号"里，主业为中医药的百年老店为数众多，在透着古味的同业中间，广州白云山中一药业有限公司的品牌"中一"显得有些与众不同，300多年的岁月中，融合37家企业于一身的发展历史，同样在业内独树一帜。这家古老又年轻的百年老店，既传承了安宫牛黄丸、保婴丹等传统古方，也推出了中一消渴丸、胃乃安等特效新药，但"嘘寒问暖，始终如一"的企业宗旨却至今未变。

　　中一药业的历史，最早可追溯到清康熙元年（1662年）创建的"始祖"黄中璜药店。但后来成为中一药业发展主体的药店，则是广东番禺人潘务庵创办的保滋堂。

据史料记载，潘务庵从小就聪敏好学，立志研究中医诊断、治疗和药物等科学，其后又得名医的精心指导，终于成为当时遐迩闻名、人人敬重的"大国手"。清康熙八年（1669年），潘务庵在广州双门底（又名四牌楼，即今北京南路）开办保滋堂药店，既诊病又制售中成药。

● 因"保婴丹"驰名海内外的保滋堂

潘务庵在行医中，看到风、寒、暑、湿、火、燥等六淫之气变化无常，致使小儿患急惊风来不及抢救而丧生。患儿家人之痛心，令潘务庵深感中医中药救死扶伤的责任重大。有一次，邻居两岁大的婴儿感染温暑，发热流涕，烦躁抽搐，突患急惊风，他根据自己以往治疗的经验，以疏风清热、化痰定惊为主治，悉心研究治疗对策，经反复临床实践，终于研制出"保婴丹"（又名通关散）。后因疗效显著，一时供不应求。

当时的保滋堂，除大量生产保婴丹应市外，又研制出六味地黄丸、归脾丸、十全大补丸、天王保心丹、知柏地黄丸、保和丸六个品种。各种中成药因疗效好，代销的客户遍及大江南北，慕名前来求医求药的人络绎不绝。

保滋堂因此声名远播，甚至得到了当时朝廷政要及达官贵人的赞誉和宣扬。清道光二十三年（1843年），时任两广总督的祁贡，便曾为保滋堂药店题写"养和种德"的匾牌（后俗称"养和树德"），意指行医制药之人，为百姓保养身心，品德高尚。清道光二十六年（1846年）6月，成名之后的保滋堂为进一步扩充业务，由广州双门底迁至广州桨栏路64号注册开厂，铺面比以前扩大数倍，另建工场和栈房，这也即是当时传统药店多采用的"前店后作坊"模式。

中一药业的另一鼻祖，是始创于1820年的马百良药店，也曾先后接受过清朝大小官员赠匾牌11块之多。其中有钦点翰林院修撰大臣崇琦赠马百良先生的"金液银丸"匾牌，以及御赐

进士及第翰林院修撰加一级梁耀枢为马百良先生题的"仁人利普"匾牌。

　　除了黄中璜、保滋堂、贵宁堂马百良药店外，此后兼并融合成为中一药业前身的知名药房还有广芝馆、集兰馆、梁财信、刘贻斋等老字号，以个人名字或别名作号，在当时都享有盛名，至今已有二三百年以上的历史。

　　这些药店生产的中成药有膏、丹、丸、散、茶、油、酒等七大类，不少药店将有效的验方和祖传秘方搜集研制为成药出售，不但为如今现代化的中成药之先导，也成为中一药业集纳各家所长的宝贵遗产。

● 两广总督祁贡为保滋堂药店题写"养和种德"的匾牌

造好药的敬修堂

广州敬修堂始创于清乾隆五十五年（1790年），当年创建敬修堂时，创始人钱树田可能未曾想过，这一本是前店后坊的私家中药作坊，竟然在经历两百三十余年的变迁后仍然焕发勃勃生机。

话说清乾隆年间，广州的十三行是有名的通商口岸，是海上丝绸之路的必经之地。有个叫钱树田的浙江商人经常从宁波贩运丝绸到广州，除了商人的角色，他还是个郎中，晓通医道，常自制丸、散、膏、丹，在贩运丝绸的途中对沿途的病患者常施医赠药，治愈了不少奇难杂症患者。更难得的是他医德高尚，深受人们的尊敬，名声越传越远，越传越神。当时堂与药铺是有区别的，有郎中坐诊的叫"堂"，没有郎中坐诊的叫"药铺"。钱树田来到广州，很多人都知道他诊治有一定的水平，所以就请他有空的时候坐一下堂。

城里有一富商的儿子患上重病，遍请名医，久治不愈，奄奄一息，全家忧心如焚。钱树田外施拔痧手法，内灌自制的"回春丹"，很快治好了富商的儿子。富商感激他救子之恩，加上其医德高尚，便资助他开了一个药铺。这就是敬修堂的前身。药铺位于广州城南门口太平桥，也就是今天的人民南路175号，取名"敬修堂"，寓意"敬业修明，普济众生"。后钱树田又自取商标"园田牌"，就是有钱有田的意思。

对于敬修堂的概括，曾有人说过这样一句话："一樽万花油普济海内众生。"在民间，更有"家有万花油，跌打刀伤不用愁"的说法。说起来，跌打万花油跟洪熙官的弟子还有一段渊源。洪熙官有一个弟子叫蔡忠，蔡忠出身贫寒，但是他勤奋好学，学了武术，还学了当时少林的医学。由于习武经常有刀伤肿痛，他自己就创制了一个油剂，用一百多种药材来炼成，这是跌打万花油前身。后来，他将万花油的配方无偿送给了敬修堂。直到今天，万花油还精选保留了其中86味中药。

然而敬修堂的贡献又何止一樽万花油？经过钱家数代人的努力，敬修堂的生产工艺和管理亦日渐完善，直至新中国成立前，敬修堂药厂已拥有三间营业铺面和一栋三层砖木结构的生产厂房，在当时已形成初具规模的中成药厂。新中国成立后的1956年，国家对私营企业进行社会主义改造。上级主管部门决定以"敬修堂"名牌老厂为基础，先后并入万灵堂中药厂等14家个体企业，"园田牌"的产品得以充实与扩展。

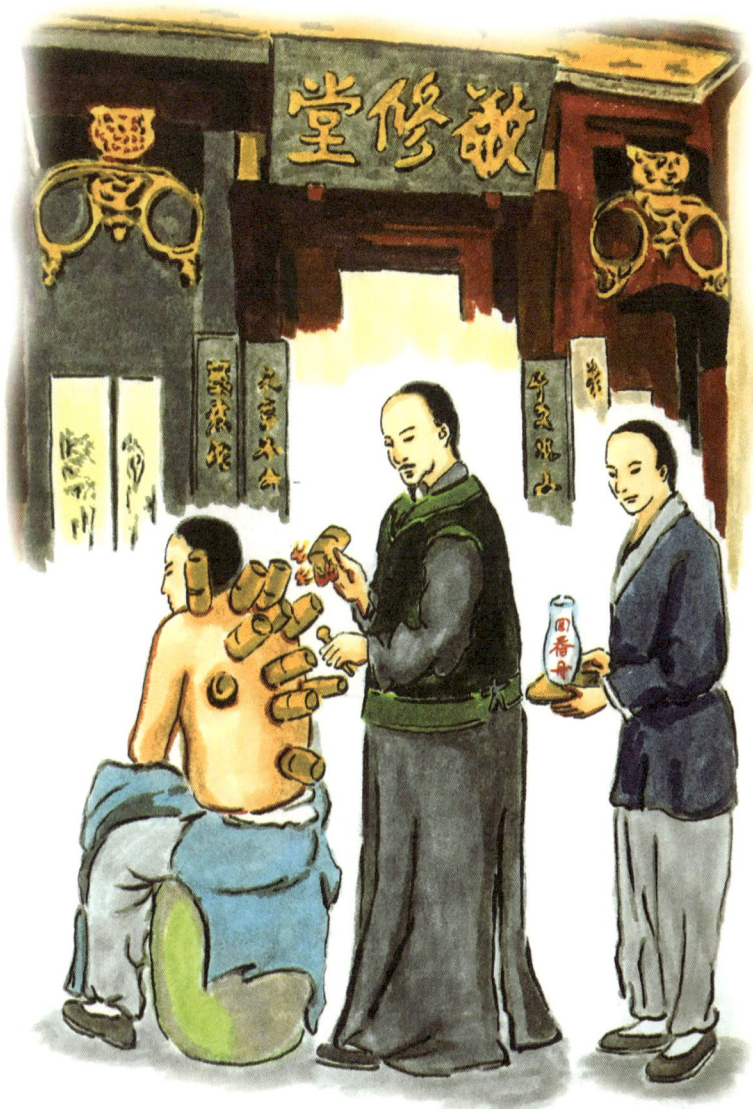

● 钱树田为富商儿子施拔痧手法

　　1976年，人民南路的旧铺进行扩建，工人在挖地基的时候发现一块大的黑石板。公司找人进行考古鉴定，发现这块石碑立于清光绪九年（1883年），内容与敬修堂相关，一共有九条，包括有利益的分配、分红方式、如何保存事业、用人的管理，还有药方的管理。例如用人的管理，就是钱家的后代不是指定有一个继承人，而是必须在基层进行实习，在经过锻炼以后再挑选继承人。从石碑的内容可以看出，敬修堂的前人在一百多年前就已经有现代企业管理的理念。

　　历经两百三十余年的敬修堂人所传承的一切，都为了一个最简单的理由：造好药。从企业诞生至今，敬修堂人一直秉承了创始人钱树田公悬壶济世的思想，用自己的努力回报社会，以人们健康为重，坚持技术创新，为人类造福。通过营销创新和市场开拓，不断提高产品的市场占有率和销售份额，"敬修堂"这一百年品牌在市场浪潮中越擦越亮堂了。

采芝林，老广"执中药"首选

古诗有云："脚踩云烟背负囊，不分寒暑采药忙。为救黎民沉疴疾，攀峰越险若寻常。"广东南海河清堡一位姓黎的先生也许不会想到，他们同族四人合股开设的采芝林中药铺穿越了两百多年的时光，经历了从私营到国营、从国营到市场化经营的探索，成为老广们"执中药"的首选，为"岭南出好药"写下了生动的故事。

清朝嘉庆十一年（1806年），采芝林中药铺在广州市老城区惠爱大街清风桥边的惠爱中路94号开张。彼时的采芝林采用前店后作坊的布置格局，以经营中药材配剂为主，兼营一些膏、丹、丸、散。清代，中医药发展成为广州举足轻重的大行业。这个时期，广州制药业方兴未艾，有少许本钱即可开张营业，采芝林药材行便应运而生。

采芝林店面的选址颇为讲究，占尽了"地利"。药铺位于

当时广州市府署西侧中心位置，此地人来人往、车水马龙，还有不少达官贵人帮衬生意。当时有一位番禺举人刘华东，他的才气远近闻名，黎氏获得他的"采芝林"手书，立即做成黑漆底凸金字的大招牌，参花挂红，悬放在店堂正中。一时间，采芝林声名鹊起，生意越做越旺。

由于广州市府署为儒生赶考之地，来自全省各地的儒生多聚集在考场附近，而采芝林店铺就设在考场旁边。当时的采芝林掌柜看到饱读诗书的儒生们，心想为什么不能借助这些人的口碑为自己的新产品做做宣传，拓展产品销售渠道呢？几经思索，采芝林派店员站在考场门侧，把独创产品"八宝清火通明眼丸""清火枇杷膏"封包而成的小锦盒或小红包连同广告单作为小礼品赠送给儒生们，并通过他们广为传播。

1933年，采芝林由黎氏第五代传人黎子铭执掌。在他的精心经营下，药铺规模日益扩大，麝香、熊胆、珍珠、犀角等珍贵药材也被列入了经营范围。发展至今，采芝林成了广州著名的大药铺，在中药配剂同业中享有极高的声誉和地位。

設在考場旁的采芝林店鋪

王泽邦创凉茶祖方

古代的岭南之地瘴疠肆虐，瘟疫流行。人们习惯用针灸、拔火罐、刮痧等方法治病，民间有不少善操此法的土医生。

鹤山县围墩乡田边村村童王泽邦的父亲是个郎中。有一天，泽邦抱着一个哭闹病孩，让父亲在病孩身上捏扯出一排排黑红的斑疹，好端端一个人被弄得面目全非。目睹这种情景，小泽邦心里有一种无可言状的躁动，他幻想得到一种能治百病的秘方，因此立志学医。

在罗浮山，有个老道士告诉泽邦一种叫岗梅的植物，对喉症特别灵验，曾经治好了多个患封喉症（现代医学称为喉癌）的人。在南华寺，有一个和尚教他认识了木蝴蝶、火炭母、金沙藤等药材的功效。

少年王泽邦气壮如牛，他效法神农尝百草，以身试百病。他在清远飞来峡试治瘴疠几乎丢了性命，幸得云游四海客居飞

● 王泽邦采草药

来寺的赖道珍道士所救，并获赠一种凉茶药方，他如获至宝，急急拜别赖道士返回乡下。

当年恰逢鹤山天花流行，王泽邦连忙将得到的凉茶配方煲成药液给大家喝，一碗下肚，不到一个时辰，便人人感到神清气爽，结果全村无一人患上天花病。事隔一年，该地区又闹疫症、暑瘟（现称流行性脑膜炎），人们饮用该凉茶后，又避过了灾难。

王泽邦声名鹊起，慕名来求药的人越来越多。仅数年间，大雁山附近的岗梅等药材都被王泽邦挖尽了，他只好跑到很远的地方去采集，还常常被贼人掳去，企图破解凉茶的配方，无计可施的贼人威逼王泽邦交出王老吉的秘方，幸得村人及时赶到才得以脱身。

所谓"树大招风"，王泽邦在乡下待不下去了，在好朋友的帮助下于1828年在广州靖远街开了一间"吉叔凉茶铺"，兼卖药诊症，用一个大铜鼎煎煮凉茶当街出售。按《广州市志·医药志》的说法，因王泽邦是粤中鹤山县人，乳名阿吉，故凉茶铺以吉叔凉茶命名。

那时的十三行热闹非凡，附近的码头工人、人力车夫、小贩、过往客商很多，人们花上两文钱就可饮一碗吉叔凉茶消暑解渴，既便宜又有效，一时门庭若市。那时，乡间街坊流传着这样的民谣："吉叔凉茶，称第一，清暑气，解暑湿，去虚火，防百病，身子不适快快吃，不良症状一碗清。"

● 人们在十三行饮吉叔凉茶消暑解渴

凉茶铺开枝散叶

王老吉凉茶铺后来一分为三：配方资源丰富的江都王老吉速济堂成记得地利，蓬勃发展；得天时的澳门王老吉速济堂祥记与人签订了长期贸易合同，生意也稳坐钓鱼船；唯有广州王老吉祖铺没有优势，听天由命。

广州祖铺的业主是王泽邦的三儿子王贵发，他让二仔王恒辉、三仔王恒瑞守住大本营，自己与大仔王恒裕于1889年到香港发展。1897年，发记的三个儿子合资在英联邦所辖地注册商标，并且订明凡属王老吉恒济子孙均可出口王老吉到英属各埠。

戊戌变法失败，早期改革开放的曙光一纵即逝，中国的天空又是乌云密布，王老吉广州祖铺生意日渐式微。时值南洋群岛特大流行感冒暴发，而该地又缺医少药，人人自危。在众多华侨的影响下，王老吉在南洋供不应求。香港王老吉凭借持有

出口注册商标的优势，生意十分兴隆。但也有不少华侨药商跑到广州进货，这样就发生了"谁是正宗王老吉"的争执，王泽邦的子孙在报纸上打起官司。

兄弟相争，使消费者对真假王老吉产生了疑惑，流感亦很快就传染到了南中国，吞噬了不少人的生命。

一天夜里，王恒辉、王恒瑞兄弟俩同时梦见被梁启超接去美国颐养天年的赖淑兰对他们说："王老吉传给你们家逾百年了，来于斯还于斯，天道不可违。"兄弟俩感到奇怪，把家人找来商议，分析吉凶征兆。

王恒辉情不自禁地讲起王老吉的一些往事："当年林则徐将收缴的237万多斤鸦片全部在虎门镇口村前海滩销毁，把那些红毛鬼气得吹胡子瞪眼，双方剑拔弩张，酝酿着一场恶战。然而我军因初抵粤，不适应岭南湿热气候，纷纷病倒。我铺把王老吉凉茶的配料尽数送到虎门和黄埔，并指挥乡民用几十口大铜锅煎煮凉茶送上阵地，一连数天，药到病除，我军精神抖擞地扼住虎门和黄埔两个要塞。"

听到王恒辉这一番慷慨激昂的话，大家都热烈鼓起掌来。他们当即公开配方。这样一来，社会上出现了很多王老吉凉茶包，而且通过各种渠道出口，使凉茶包遍及英美、荷葡、南洋及各埠。

20世纪初，美国大城市的酒店里，每逢高级宴席之末，侍者必奉上王老吉。根据《羊城晚报》名记者袁效贤、李晓春伉俪1997年浪迹美国100天的报道，此风一直延续至今，尤以旧金山、夏威夷等地区最为常见。

● 20世纪初，王老吉饮品已经出现在美国酒店的高级宴席上

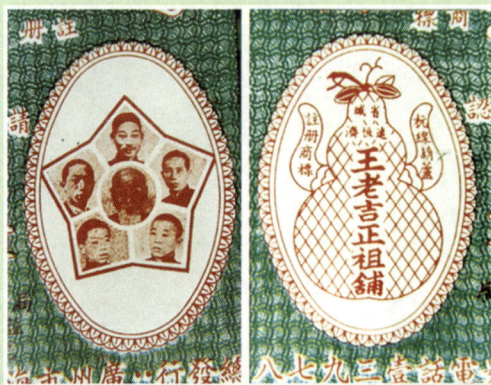

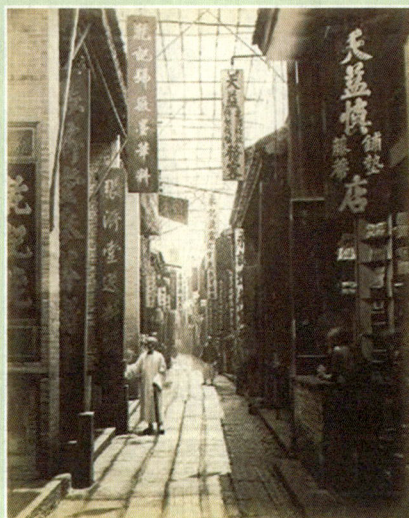

● 王老吉注册的商标　　　● 靖远街旧时光

潘高寿行销省港澳

潘高寿得名，源自潘氏高寿人。清光绪十六年（1890年），广东开平人氏潘百世、潘应世兄弟在广州高第街开设了一间专营蜡丸名为"长春洞"的药铺。长春洞前店卖药、后场制丸，雇有十余个工人进行作坊式生产。1920年前后，潘氏兄弟先后去世，药铺由潘百世之子潘逸流、潘应世之子潘楚持共同经营。没多久，两人相继转营他业，药铺由潘百世的四子潘郁生出任司理。

没承想潘郁生刚接手经营，就爆发了广州起义。长春洞药铺毁于战火，潘郁生改在西关十三行路豆栏上街设店，重新营业。

辛亥革命后，西医对传统中医药的冲击日强，长春洞生意一落千丈。潘郁生意识到再独沽一味蜡丸业难以持久经营，于是决意另辟路径，创制新药。他注意到广州气候炎热多雨，且天气乍暖乍寒，人们容易患伤风咳嗽，而市面销售的枇杷露多是独味单方，治咳疗效不十分显著，于是将具有润肺镇咳作用的川贝母和祛痰作用的桔梗等药材与枇杷叶一起熬炼，还在药液中加入香料和糖浆，同时吸取了西药制剂方法，加进苯甲酸等作防腐剂，使之耐久存放。新药定名为"潘高寿川贝枇杷露"。

川贝枇杷露创制后不久，由于疗效显著，很快便成为家喻户晓的治咳药。随着市场上假冒产品不断出现，潘郁生毅然变卖所有房产，将获得的资财用来改良产品包装。新包装以父亲

● 钉在电灯杆上的"川贝枇杷露"宣传画片

潘百世的真像和自己的画像为商标，并特意在自己的像旁注明"潘四俶创制"（潘郁生又名潘四俶），使人容易辨认。他又发起一系列的宣传攻势：在报纸、电台作广告宣传，还经常发表奇文怪论；拍摄宣传川贝枇杷露的电影广告，作为"画头"在各电影院放映；用薄铁片制作精美的"川贝枇杷露"宣传画片，钉在广州市各条马路的每一根电灯杆上；派员工带产品到各线轮船、火车上宣传，在炎热的夏天派人在广州市的长堤、太平南路一带交通要道摆摊设档，老板还亲自出马，免费向过往的劳苦大众提供川贝枇杷露冲饮，既让广大街坊群众受益，又能收到良好的宣传效果。

因此潘高寿川贝枇杷露声名鹊起，几年间便成为家喻户晓的治咳药，行销省港澳等地。1929年，潘郁生正式树起潘高寿药行招牌，专营枇杷露。

● 潘高寿创始人之一潘百世（右）和川贝枇杷露创制者潘郁生（左）

● 潘高寿早期的奇文广告

梁培基妙推发冷丸

在广药集团广州白云山明兴制药有限公司116年的发展历程里，创始人之一的梁培基留下了许多动人的故事。

1875年，籍贯顺德的梁培基出生于广州一个装船工之家。最初，他父亲想让他学装船，他装出一只模型小船后就没兴趣了；父亲无奈，送他进了一家铺子当茶童，眼看步步高升到伙房大师傅了，他又跑了回来，说"这工作不是我要做的"。直到在父亲友人的介绍下，他进了博济医校学医，这才安下心来。

后来，梁培基从博济医校毕业后，就开始挂牌行医。梁行医初期，由于民众缺乏对西医西药的认识，有病都习惯用中医药治疗，因而业务清淡。直到他治愈一富家子弟的顽疾后，声名鹊起，局面才为之改观。

当时华南地区疟疾连年流行，老百姓深受其苦。思维活跃的梁培基以特有的视野和机敏，把治疗疟疾的西药成分——奎

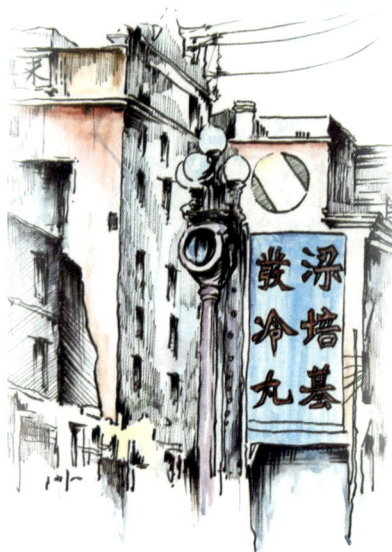

● 梁培基发冷丸广告

宁与一些老百姓熟悉的中药成分混合，顺势大胆推出一种自制的治疟疾药物，命名为"梁培基发冷丸"（广东民间称疟疾为"发冷"），及时投放市场。由于疗效显著，梁培基发冷丸很快便畅销华南各省区，成为家喻户晓的名药。

当时做广告的办法，是上街贴"街招"。各厂商的人都想出新奇的办法来宣传自己的产品。广告战相当激烈，主要办法是互相覆盖。梁培基的街招是把字写得很大，一个字一张纸，专门贴在火车站、码头及闹市。但那些地方广告战尤其激烈。梁培基的广告往往被人覆盖，有些人故意把发冷丸中"丸"字的左边一撇上那个点覆盖了，"丸"字变成"九"字（广州话"九"与"狗"同音），这就成为"梁培基发冷九"，发冷丸读成"发冷狗"，因此在社会上成为茶余饭后的笑料。没想到这不但无损于发冷丸的信誉，反而帮它做了活广告，使发冷丸的名声在社会上更加广泛流传了。

梁培基还特意编了一首儿歌，教给孩子们唱："哎呀，阿

苏老豆，着咗棉衲还打震，快买樽梁培基发冷丸食下啦，傻瓜！"意即"阿苏老爸，穿了棉衣还颤抖，快买瓶梁培基发冷丸吃一下吧"。这歌词很快就传遍了珠三角的大街小巷，无数孩子成了梁培基发冷丸的义务宣传员。

让梁培基的大名不胫而走的是报纸上的一则广告。那则广告是这样的：第一天，报纸上只刊登"梁培基"三个大字（立即便引起读者的好奇）；第二天，在其后多加一个"发"字登出（此时读者已议论纷纷：你梁培基"发"了，也不必广而告之吧？）；第三天，续添一个"冷"字（奇峰突起，爆笑的喜剧效果将广告效应推向高潮）；第四天，再将"丸"字推出。至此，整条广告完成。于是，妇孺皆知"梁培基发冷丸"。这样的广告创意，放到今日也能达到"求关注"的目的。

发冷丸广告图

从1902年起，梁培基全力经营制药业。随着生产经营规模的不断扩大，短短十数年间，梁培基药厂已发展成为广东药业翘楚，而其"镇山之宝"发冷丸更是远销到美国和南洋等地，年销量达100万瓶。

除了经营药厂，梁培基还发展其他中医养生事业。1931年，梁培基把目光投向从化温泉，率先着手温泉区的开发。他兴建平房三幢，作为广州珠江颐养园的分园，并在园后的巨石上刻"天医处"三个大字。"天医"即"以大自然为医"，这也是梁培基一贯的医学观。他认为亲近大自然永远是人类保持健康的法宝。从年轻直到晚年，梁培基始终孜孜不倦地投身于各种"为人民服务"的工作，并将它们与百姓疾苦、民族命运和社会进步紧密地连在一起。

从化天医处

陆顺天开办新民敷料厂

敷料又称卫生材料，随西医在医疗过程中的需要传入中国。初时，我国的敷料均靠日本和欧洲进口。民国初年，政局动荡，军阀混战，敷料耗量巨大，人们对敷料的需求不断增加。从日本东京工业大学留学归来的陆顺天先生，富有化学工业的学识，靠多年微薄的积蓄，在广州光塔路仙邻巷开办了华南地区第一家生产敷料的企业——新民敷料厂，从而成为开创了广东乃至整个华南卫生材料生产之先河的领军人物。而从其创立的新民敷料厂到白云山外用药厂的93年的风雨历程，也自侧面真实、生动地刻画了中国近现代医药工业乃至整个近现代民族工业曲折发展的历史轨迹。

1919年，五四运动爆发后，全国掀起了高涨的反帝浪潮，国人纷纷抵制日货，一直占据华南市场的日产卫生材料锐减。鉴于这种市场状况，留日学子陆顺天于民国十二年（1923年）

9月23日创办新民敷料厂，生产医用棉花、绷带、纱布等。当时企业只有弹棉机、脱脂锅、脱水机各一，用手工操作生产"光塔牌"医用棉花，供给私人诊所、店铺。次年因北伐战争需要大量敷料，陆顺天又购买机器扩大生产，以适应市场需要，并且出口外销到港澳及东南亚地区，尤以泰国为多。

民国二十七年（1938年）10月，日本侵略军进攻广州，广州沦陷。新民敷料厂厂房、货栈、铺面被敌机炸塌、烧毁。广州被日军占领后，在日伪政权的掠夺和摧残下，企业关门停业，员工四散另谋出路。抗战结束后，陆顺天又重新组织生产。同年，三益敷料厂开业，生产"广花牌"医用棉花。1949年以前，广州仅此两间设备简陋的作坊式厂家，原料靠进口或旧棉翻新，产量小，质量差，生产发展缓慢。

雄鸡一唱天下白，新中国诞生了。在中国共产党和人民政府大力扶持下，新民、三益敷料厂生产有了保障和发展。20世纪50年代初，新华、保康、永和、时代等敷料厂和新星橡皮膏厂先后开业。新民敷料厂也进行了公私合营改造。1958年，新华、永和敷料厂合并成立新华制药厂。1963年，新华制药厂与新民敷料厂合并，成立新华卫生材料厂，1966年更名为广州卫生材料厂。此后经历近40年的发展，广州卫生材料厂逐渐发展成为华南地区最大的卫生材料和橡胶膏专业生产企业。2007年1月，广州卫材制药有限公司与白云山何济公制药有限公司在

整个广药集团资源整合战略方针下，合并成为白云山何济公制药厂。

陆顺天这个名字和新民敷料厂开办的那段沧桑的历史，也都将镌刻于白云山何济公制药厂的企业发展传奇之中。

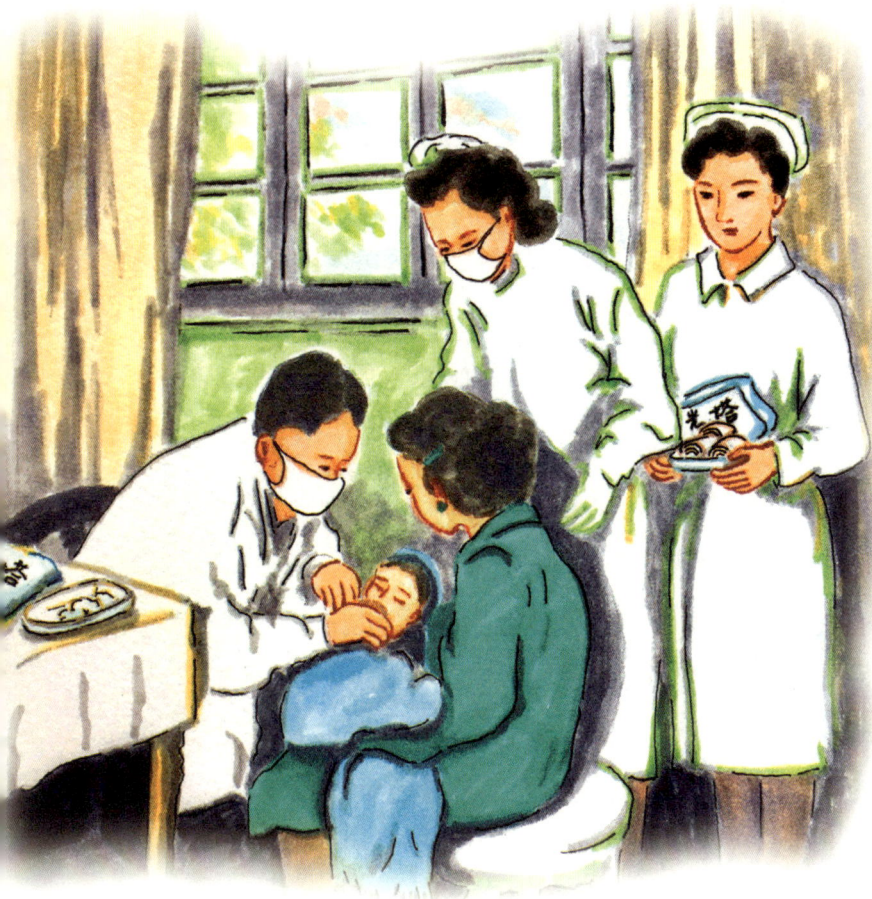

● 新民敷料厂生产医用棉花、绷带、纱布，供给私人诊所、店铺

何济公，活济公

1938年，是中国抗日战争烽火由华北、华东向华中、华南逐步蔓延的一年，武汉、广州等大城市也相继失守。这一年，"何济公"在广州创立，之所以取名"何济公"，是因为作为创始人的何福庆先生有意效法"济公"普济众生。

何福庆生于1909年，排行第八，祖居广东南海恩洲王圣堂村（今广州市白云区广源路王圣堂），少时在本村读了8年私塾，是其家庭的九子一女兄妹中读书最多的一个。他的第一桶金是在武汉淘到的。20世纪20年代末，何福庆到汉口华安公司当后生（伙计）。数年后与人合股在武汉的汉口民生路开办"广东药行"，主要经销广东柠檬精、鹧鸪菜，兼营汉昌牌雪茄烟和广东云纱绸等，以此起家并渐有积蓄。

约在1936年间，何福庆开始研制"灭痛星"，后改名为

何福庆在汉口开办广东药行

"解热止痛散"。1937年，也就是何福庆28岁那年，他回原籍王圣堂与侯可宝（文贞）成婚，于1938年在广州河南鹤洲直街积善里（现海珠区）开办何济公药行（抗战期间曾迁往上海市康定路88弄11号，至1945年抗战结束），又于1942年在广州龙津东路洞神坊66号2楼设药行，并在清远与人合办维大药房。

抗战时期，何福庆曾在粤北、粤东一带制售止痛散；抗战胜利后，因生产渐有发展，遂将厂址迁往洞神坊45号之一。1950年，何福庆将何济公药行改名为中国（广州）何济公药厂；1958年企业完成社会主义初级改造后，何福庆先生移居终老于香港。

民间流传的"济公"家喻户晓，"济公"形象寄托了百姓对善良、正义的期待。作为制药业，生产和经营药品不能唯利是图，但又不能只讲慈善而不计成本和效益。何福庆在创办企业之初，就为自己开办的药业立下了"利己利人驰盛誉，半为慈善半营生"的经营宗旨。何济公的止痛散之所以能生存且后来居上，一枝独秀，道理就在于此。

由于"何济公"谐音为"活济公"，故在长江南北一带出现了广东有个"活济公"的传说，使"何济公"其名不胫而走。70多年后，有人撰文称老字号何济公在一段悠悠漫长岁月里成了广州"一个城市的止痛药"。

神农草堂与"三个七"

2006年，广东建设中医药强省、文化大省之元年，国内首家集园林与岭南建筑为特色的中医药博物馆——白云山和黄神农草堂中医药博物馆正式对外开放。神农草堂的成功面世成为广大游客和社会各界寻百草、访名医、话养生的"世外桃源"。

在博物馆建设的过程中，"三个七"的故事，也在白云山和黄广为传颂。所谓"三个七"，指的是建设神农草堂的筹备组用七天编写剧本，用七个月建设，展示中医药七千年的灿烂文化。建设神农草堂的创意确定是在2006年4月下旬，当时，中医药的存废问题在国内闹得沸沸扬扬，秉持弘扬中医药文化、振兴中医药产业的信念，在李楚源总经理的带领下，神农草堂建设筹备组的成员们发扬神农敢于创新、刻苦奉献的精神，披星戴月、众志成城用了七天时间梳理出了13万字的建设蓝本。在确定建设核心内容后，为了让神农草堂能更全面地展示中医药的文化精髓，深入发掘炎黄子孙和中医药的根深情缘，筹备组肩负起追根溯源的重任，踏遍千山万水，南下海南岛、北上大兴安岭、西至陕西、直入神农架腹地，日夜兼程进行采风考察，经过了七个月的共同努力，一个中医药文化的殿堂终于面世了。

当白云山和黄的神农草堂建成后，湖北省政府派专员到白云山神农草堂参观。他们感叹，湖北省作为炎帝神农氏发源地

● 神农草堂岭南医药园鸟瞰

之一，对于开发神农草堂项目有先天的优势，但是为何被广东的一个中药企业捷足先登？李楚源的回应非常简单，神农文化是老祖宗给中国人共有的遗产，我们虽然身在广东，也可以以各种形式去纪念神农。

神农草堂的概念出来之前，白云山和黄原本计划是在公司旁边找一片开阔的土地为员工建一个休闲花园，扩大员工的活动空间，提高员工的业余生活质量。休闲花园本来已经开始动工，但是李楚源到省外出差，参观了一个中药博物馆之后，突然触发灵感——白云山和黄为什么不搞一个属于整个中医药界的、用于传播中医药历史文化的中医药博物馆呢？

李楚源立即改变建设方向，在原来的花园工地上重新规划了神农草堂。李楚源理性地判断：神农草堂可以为神秘的中医药打开一扇通向世界的亲善大门。

古老的中医药是每个炎黄子孙心底深深的情愫，白云山和黄中药用"三个七"的速度打造的神农草堂中医药文化精品工程，圆了炎黄子孙的"中药梦"。神农草堂中医药博物馆，是白云山和黄人智慧的结晶，凝聚着大家对中医药文化的情结与深厚情感。它浓缩与具象了中医药七千年演变与发展中的精华沉淀，以及岭南医药的独树一帜，坐落在清新的白云山南麓，述说着中医药科学的仁心仁术，如春风般传送中医药文化进千家万户，让中医药这门"国粹"发扬光大。

● 神农尝百草

传统中药文化遇上广绣

推开陈李济中药博物馆大门，一道屏风映入眼帘，作为门口玄关，这幅广绣作品在陈李济博物馆自2005年开始一直摆放至今。虽然身价几百万，并逐年看涨，但是若不留心细看，你可能就会错过这"南粤风华"。

这扇屏风上装裱的正是由中国高级工艺美术大师、广绣艺术研究所所长陈少芳为陈李济中药博物馆而作的广绣作品《岭南春晓》《十里荷香》《蝉鸣荔熟》。

主图《岭南春晓》，以广州市市花——木棉花为主要形象，勾勒出苍劲古树绽放新花，寄寓四百余年陈李济基业长青，生机勃勃。《十里荷香》《蝉鸣荔熟》是独具岭南风情的自然景象，其中增城的挂绿荔枝、蝉蜕、荷叶、莲子、木棉花等又是岭南地方药材，暗喻陈李济所传承的南药文化。

● 广绣作品《蝉鸣荔熟》与《十里荷香》

这三幅刺绣作品，创作于2003年10月至2004年3月，当时的陈少芳大师已是花甲之年。作品远看十分醒目，近看又精细非常，构图饱满、繁而不乱、色彩鲜艳、富丽堂皇。

陈少芳，广东番禺人，世界非物质文化遗产——广绣唯一传承人，中国高级工艺美术师、广东省工艺美术一级大师，1962年广州美术学院国画系毕业，师从关山月、黎雄才、杨之光。在广绣处于"人亡艺绝"的20世纪80年代，陈少芳毅然筹建广绣艺术研究所，旨在抢救、保护、创新、发展广绣技艺。她成功创造了"陈氏广绣"独特的"丝线色彩构成法"，为广绣发展创新作出了杰出的贡献，荣获"当代岭南文化名人"、第一届世界民间艺术最高奖"金马奖"终身荣誉称号。

广绣即粤绣，指广州、佛山、南海、番禺、顺德、东莞、宝安、香山、台山等地的刺绣，也就是以广州为中心的珠江三角洲民间刺绣工艺的总称，包括刺绣字画、刺绣戏服、珠绣等。广绣，作为一种著名的造型艺术，与江苏的苏绣、湖南的湘绣、四川的蜀绣并称为中国的四大名绣之一。

2006年5月20日，经国务院批准，广绣列入第一批国家级非物质文化遗产名录。

2008年，陈李济传统中药文化也被列入第二批国家级非物质文化遗产名录。作为广府文化的两个重要代表，广绣文化和陈李济传统中药文化在陈李济中药博物馆的历史场景内相得益彰、永驻风华。

● 陈少芳埋头制作广绣

芳华璀璨 天地立心

　　轮船的汽笛在茫茫的汪洋上发出一声悲鸣，牵动着无数中华儿女救亡图存的心。20世纪初，为了学习先进技术，以实业挽救国家于水深火热之中，众多学子选择东渡留学，赵汝调便是其中之一。他到日本学习药学，学成归国后，因痛感中国医药的巨额利益大量外流，创办了中国第一家化学制药厂——上海新亚制药厂，被称为"中国化学制药的奠基人"。

　　时代的浪潮滚滚向前。抗美援朝期间，美军撤退后，过剩的药品对本土药企的冲击很大，新亚药厂也面临创办以来最严重的危机，继续留在上海将不利于发展。为此，赵汝调及其他合伙人决定北上南下，继续制造国民急需的好药。"提高国货、抵制洋货"的呐喊声不断，赵家兄弟与爱国商人谈瀛观先生一拍即合，天心药厂"心字牌"商标破土而出。1954年，天心药厂经过社会主义改造，成为广州市第一间公私合营的制药

企业，并更名为广州市第五制药厂；1958年，药厂创办中南地区第一个青霉素分装车间，成为中南、华南地区首家粉针生产企业，也是广州市首家头孢菌素粉针生产企业；1978年，第一届全国科学大会隆重召开，天心药厂凭借穿心莲有效成分的提取纯化这一重大科研成果，在会上受到表彰。岁月匆匆，弹指一挥间，"天心药业"成为拥有三万多平方米用地，集生产、研发销售于一体的现代化企业。它宛若一颗明珠，屹立于珠江河畔，每一位天心人为之骄傲自豪。

赤子心，爱国情。1977年5月，时任天心药厂车间主任的陈惠长受国家委派，担任中草药研究专家，前往柬埔寨开展技术援助工作。陈惠长出生在广东博罗，受家族求学氛围影响，他自小勤奋好学，立志将来要为科学做贡献。他一生服务天心，多次获得"优秀共产党员"称号。在柬埔寨，他克服资料匮乏、语言不通、经验不足等三重考验，独自负责技术开发和指导，仅用九个月的时间便完成了两个原料、四个剂型、八个品种的研发量产工作。历经长久的不懈奋斗，陈惠长交出了令党和国家满意的答卷，柬方国家元首曾在书信中对其表达了由衷的感谢。

诚立身，务实干。1983年5月，陈惠长在企业效益急剧下降、生产陷于停顿、人心浮动时临危受命，出任厂长。作为民主选举的厂长，陈惠长凭借任上的优秀表现，在1984年的全国厂长统考上获得"双优"。他大胆提拔任用年轻骨干，首推干

部聘用制，实行车间承包责任制、新产品开发奖，鼓励多劳多得，以革故鼎新、抓铁有痕的狠劲切实促进公司转轨升级。人心安定了，效益提高了，天心药厂总产值在1988年提前实现翻两番。

常修身，自立强。因旧厂用地产权划分不明确，天心药厂随时面临集体被"驱逐"的风险。1987年，他毅然提出：要让天心药厂牢牢扎根于祖国大地，擎起一个让大家有归属感、有荣誉感的工作环境。在新厂建设期间，老厂长披星戴月，落下胃疾。因为病情严重，医药总公司特批老厂长"每天工作半天"，但他坚持不搞特殊，带病上班。妻子张建好一边悉心照料丈夫一边主持村委会工作，还到处奔走，帮助天心发展解决资金困难和征地困难，一路同舟，风雨前行。

● "天心药业"成为拥有三万多平方米用地，集生产、研发销售于一体的现代化企业，宛若一颗明珠屹立于珠江河畔

经过八年艰苦奋战，天心人终于有了自己的物业、自己的家，继续为人民群众精心制好药。集团的老领导曾称"好姐"为"我们广药集团的好媳妇"。在陈惠长夫妇的带领下，天心药厂迅速成长为全国闻名的现代化制药企业。如今，一代又一代的天心人传承了实业兴国、实业强国的初心，不断开拓进取，在深化改革，推动企业高质量发展的新征程上不忘初心，奋勇向前。

广药葫芦 天下福禄

千百年来，人们总会问"葫芦里面卖的什么药"？从达沃斯论坛、博鳌论坛、《财富》全球论坛、"岭南中医药文化欧洲行"的法国巴黎，到123广药党建的标识、神农草堂的葫芦香薰机，在420年的广药历史里，这个问题有了确切的答案。

在众多药企中，广药集团与"悬壶济世"的葫芦文化就有着不解之缘，并不断深入挖掘葫芦"吉祥、福禄、健康"的深层寓意。葫芦自古以来就被当作招财纳福的吉祥物，是中华吉祥文化的象征符号。广药集团旗下王老吉正是吉祥文化的代表。早在鸦片战争时期，林则徐微服入粤查烟，来到虎门便中了暑，下属提议叫王老吉试试，王老吉不负众望让林则徐痊愈了。亲身体验过王老吉的奇妙后，林则徐派人送来了一个刻有"王老吉"三个金字的大铜壶赠予王老吉，寓

意"悬壶济世"。

葫芦的音与"福禄"相近，葫芦嘴小肚大的外形，寓意聚财纳福，蓬勃发展，所以民间有"葫芦压台财运滚滚来"的说法。1980年，时任广东省第一书记、省长习仲勋视察白云山总厂时，总厂规模只有1200万元，1987年，习老再度视察"白云山"时，公司销售收入已经达到1.2亿元。而2019年广药集团销售收入达1330亿元，是1980年总厂销售收入的一万多倍，连续九年位居"中国制药工业百强榜"第一位。广药集团从一个规模较小、旗下企业较为分散且偏安岭南的医药企业，发展成为全国最大制药工业企业集团，正是"聚财纳福，蓬勃发展"福禄文化的最好体现。

● 广药集团与"悬壶济世"的葫芦文化就有着不解之缘，并不断深入挖掘葫芦"吉祥、福禄、健康"的深层寓意

葫芦也代表着生命力的旺盛，寓意多子多福，生命顽强，健康长寿。广药集团有着长寿基因，旗下拥有12家中华老字号，其中超百年的有10家。全球首创的家庭过期药品回收（免费更换）机制已连续坚持18年，一直为人民群众的用药安全贡献着"企业公民"的力量。旗下神农草堂中医药博物馆、王老吉博物馆、陈李济博物馆、采芝林博物馆每年为无数游客科普中医药知识，普及健康文化。

随着420年的发展，广药将寓意"悬壶济世""吉祥、福禄、健康"的葫芦文化与中医药文化的传承相结合。2018年，广药集团以"葫芦里装广药"为设计理念，制作了一批代表广药形象的"广药葫芦"，葫芦上除刻有集团logo与企业理念以外，还刻有寓意着长寿的12家中华老字号图案、寓意着吉祥与健康的神农图案与八卦图案，里面装有广药集团旗下的名优产品。承载着"吉祥、福禄、健康"深厚寓意的广药葫芦在众多政府、学术、商务场合赠予了各界知名人士，并广受喜爱。

中医药走向世界，文化必须先行。"一器一物中读懂四百年药企，八千年中药。" 承载着"吉祥、福禄、健康"的广药葫芦在推动中医药走向世界的舞台上，历久弥新，不断演化，秉承让文物"活"起来的制作理念，把中医药文化、葫芦文化融入药膳器皿、时尚周边，不断开发创作一批批带着葫芦文化印记、承载中医药文化的创意产品和文化精品，在世界文化中焕发光彩与价值。

老字号，新活力

在2020年国内新冠疫情刚稳定下来不久，一场中药大健康产品与直播带货的"邂逅"，引起了广大网民的热烈关注。"白云山是一个非常知名的中华老字号品牌，白云山三七粉给爸妈买很好，一般可以煲汤时放一点，或者冲水喝，还有一种方法是外敷，可以止血、止痛……"在直播间里，"淘宝一姐""全球好物推荐官"薇娅极力推荐白云山三七粉，引起了粉丝们在评论区激烈互动，销售额近百万元。

除了让三七粉走进薇娅直播间，广药集团开发了猴头菇、阿胶燕麦稀并剑指刺梨燕麦，在打造"时尚中药"的道路上不断前进。2020年9月，广药集团旗下中华老字号品牌"潘高寿"与百事公司旗下燕麦第一品牌"桂格"将联合打造融合现代健康概念与国潮文化的燕麦新产品，树立行业跨界合作新标杆。

其实，早在2016年，广药集团就提出了打造"时尚中药"的战略，通过最先进的科研技术，用现下最流行的、年轻人易于接受的市场推广模式，打造当下普罗大众最需要的健康产品。

自提出"时尚中药"战略以来，广药集团一直致力于推动旗下12家中医药老字号焕发新活力，紧抓跨界创新，实现中药时尚化、时尚中药化；大力发展大健康产业，积极推动产品精细化、精品化、方便化、日用品化，开拓更大的消费市场；开展更多、更深层次的中医药跨界合作，将中医药融入社会生活的方方面面。

在时尚这一块，广药王老吉拿捏得稳稳的。"潮"起来的王老吉，是充满科技感的、萌系的、中国风的，也是时刻突破你想象的老字号茶饮。它不仅能出将现代人物与宫廷人物相结合的国潮包装、在《明日之子》《挑战者联盟》等潮流综艺中频频露脸、常常出没于《安家》《精英律师》等大热影视剧，也曾联合B站、和平精英碰撞IP狂欢。1828王老吉现泡凉茶店更是从视觉、味觉等感官体验入手，为广大消费者带来一场国潮饮品新体验。

2020年疫情期间，广药集团围绕"中药+时尚"开展了多项合作和探索，旗下神农草堂联合广药采芝林药业根据国医大师的组方，开发了中药防疫香囊，充分发挥中医药"芳香辟秽、化浊解毒"的优势，在短短的几个月时间内销售近百万

● 经过190多年的传承与创新，如今，1828王老吉草本新茶以"草本养生"为概念，专注于健康、时尚的中高端茶饮

个。广药集团还与知名时尚企业共同开发中医药相关的防疫产品、健康用品，打造"中药+时尚"新国潮。广药集团通过时尚中药化和中药时尚化的跨界合作，形成消费时尚，为人们提供新的健康生活方式，探索中医药发展的新路径。

回首来时路，面对滚滚激流，广药集团始终溯迎而上。2020年爆发的新冠肺炎疫情让中药在全世界大放异彩，广药集团拥有12家中华老字号，其中"全球最长寿的药厂"陈李济已经420多岁。此外，广药集团还对旗下12家老字号制定"一品牌一方案"，推动老字号焕发新活力。展望未来，广药将继续保持"闯"的精神、"创"的劲头、"干"的作风，在创新中谋发展，于变局中开新局，向着具有强大品牌号召力、产业控制力、市场话语权的世界级企业的目标奋勇前行。

故宫里的广药

　　2017年7月，北京故宫博物院文物专家在整理宫廷医药档案时发现，院内收藏着两百多年前的敬修堂妇科白凤丸及其仿单、《敬修堂十种药说》和敬修堂嵌螺钿紫金锭佩四件文物。敬修堂远在广东，与北京千里之遥，为何会在故宫里发现敬修堂的物件呢？

　　据传嘉庆帝亲政之后，原盼着膝下尽是子嗣，但大皇子年幼早夭，皇后喜塔腊氏在嘉庆即位次年香消玉殒。当时宫中的御医对如何调理女性气血两虚没有良方，嘉庆遂将视线扩大到民间朝贡。"广州敬修堂钱澍田凭回春丹驱病，以白凤丸解女子气虚之疾，益产，其药尤精，可用"。有一天，岭南地区的上述汇报映入了嘉庆眼中。原来钱澍田经商时救人无数，解民于厄，所创医号"敬修堂"扶危济困，堪称医者典范。嘉庆帝令太医验核其成效，几名爱妃服用气血改善明显，后来服

用白凤丸的妃子接二连三如愿怀上龙胎，且脉象较之以往更稳健有力。嘉庆帝大喜之下，朱笔一挥，从此贡品列表里便多了"广州敬修堂白凤丸"这一药品。

2018年，广药集团与故宫达成合作，敬修堂成功拿下了三个敬修堂故宫文物（《敬修堂十种药说》、敬修堂妇科白凤丸及其仿单）的仿制权并签订了仿制合同，并在2019年成功迎回故宫藏品的仿制品。

2021年，以"岭南之家，广药之家"为主题的广药12家中华老字号展览在故宫正式展出，这是紫禁城建城600多年、故宫博物院建院以来的首次对外公开展示院藏宫廷医药文物和文献珍品，是国药老字号和国家中医药非物质文化遗产单位的首次"宫廷雅集"，也是中华中医药文化代表着"传承精华，守正创新"的最高殿堂。

广药集团旗下敬修堂的妇科白凤丸及其仿单等四件文物，陈李济的壳蜜丸手工生产工具——扇形竹排，王老吉的请茶缸，中一、采芝林、星群、奇星、潘高寿、明兴、光华、何济公、健民医药等12家中华老字号展品在御医药馆齐齐展出。前来参观的游客络绎不绝。

人见人爱 花见花开

红色正金软膏
每盒装4克

TIGER BALM
虎标万金油

PK

正金油   国货神器   万金油

GUO HUO SHEN QI

◇ "正金油"与"万金油"之争 ◇

绿

◆

长寿配方

一两陈皮一两金

岭南俗语有云："广东三件宝，陈皮、老姜、禾秆草。"其中陈皮最佳者为陈李济秘制的"百年陈皮"，曾被钦定为贡品。

陈皮性温味苦而辛，为理气化痰、健脾燥湿要药，临床广泛运用于治疗脘腹胀满、呃逆呕吐、食欲不振、咳嗽痰多、胸闷等症。既可与处方配伍或单味冲焗即时服用，也可以作为家庭调味及药膳佳品。

陈李济当初在手工制作蜡丸的时候，创制了另一种引以为豪的药品——对祛风化痰有绝佳效果的百年典藏陈皮。由于陈李济创始人姓陈，所以避讳"陈皮"，厂内一般称为"果皮"。

自明万历二十八年（1600年）陈李济创业以来，每年农历九月至十月收柑季节，陈李济药厂花费重金大量收购广东新会

柑并严苛挑选，入选之柑，必须要果大皮厚，皮紧纹细，无虫蛆霉斑，刚熟微微透黄者为佳，以致一大箩百斤重的优质柑，仅选四五成，甚则二三十个，有如皇帝选美女入宫。

柑果选好之后，工人把柑肉去除，再把柑皮开成四瓣，剔除杂质，并叠好装入草席包，标明入库年号，按先后顺序存入果皮仓储藏。果皮仓楼底为杉木栅栏，底下数口煮蜜锅，夜以继日炼蜜泛丸，蜜糖长年累月透过栅状楼板，徐徐渗入陈皮之中，久而久之，陈皮外表色如檀香木，光亮如抹油之状；内层附着薄层松化又不脱落的粉末。

陈李济独创储藏陈皮之法，百年而无虫霉之变，体轻而气味清香，久煮不烂，化痰下气，功效独特。在清朝的时候，陈李济陈皮被列为广东每年进奉的贡品，当时的达官贵人以拥有陈李济陈皮为荣耀。

陈李济历代恪守陈、李两创业人训言"火兼文武调元手，药辨君臣济世心"，只使用地道药材，传统炮炙，且百年陈皮除入药泛丸及进贡入京御药房备用之外，历来声明系非卖品，绝不外卖牟利。唯有一次例外，民国乙卯年（1915年）广州大水成灾，沿江一带及低洼地区洪水没膝齐胸，墙室毁塌，灾民无数，扶老携幼，流落街市，悲凉之状惨不忍睹，当局腐败无能，对民生束手无策，工商界慈仁之士便自发义卖，赈济救灾。对此，陈李济主事人发扬先祖"存心济世"遗训，义卖百年老陈皮，售价与黄金售价等同，一两陈皮一两金，权贵富贾

陳李濟

● 陈李济秘制的"百年陈皮",百年无虫霉之变

仍相争而购之，所得售款全部赈济灾民。此举其时传为佳话美谈。

　　1949年后多家同行纷纷效仿炮制，但所产陈皮效果差之千里，陈李济百年果皮成为陈皮窖藏史的经典传奇。陈李济经典名药陈李济咳喘顺的重要成分之一就是陈李济陈皮，它采用世界上独一无二的特殊秘制工艺，是目前唯一能够清除咳喘病根——"死痰"的有效成分，这是一般陈皮和普通药物都不具备的。经典名药陈李济咳喘顺位列陈李济十大名药之一，在南粤大地有口皆碑！

古药精做的夏桑菊

"夏桑菊"源自清代吴鞠通《温病条辨》的经典名方"桑菊饮",味道甘甜,气味芳香,可以清热解毒。夏桑菊不是一种植物,"夏"即夏枯草,"桑"即冬桑叶,"菊"即甘菊。其配方即由夏枯草、桑叶和野菊花三种中草药组成。方中夏枯草苦辛寒,几千年前就被我们的祖先收载入《神农本草经》,此药入肝胆经而清肝泻火,散结消肿。又取桑叶、野菊花为伍,二者均清凉、宣泄之品,清透肺热,并清散上焦风热。与夏枯草合用,一方面可清肝热之有余,而明目止眩晕;另一方面,又疏风散热而解除诸般症状。

1980年,星群药业采用独家保密工艺,在全国首创夏桑菊。说起"夏桑菊"此名字的诞生,有一段故事。1980年,外商到星群参观并订购三个产品,其中一个是由桑叶、菊花做原料,名为"桑菊饮"的干糖浆。当时参与洽谈的我方技术人

员提出：桑菊饮是传统古方，除桑叶和菊花外，还有十几味中药，如果只用两味药，不能用此名称，不如多加一味夏枯草，取名为"夏桑菊"。夏枯草是民间常用的清饮药材，夏天用来煲水饮，具有消暑降湿、利尿降压作用，对岭南人的"热气"尤为奏效。这个建议得到双方一致赞成，"夏桑菊"就这样定名。1983年，星群药业对夏桑菊的工艺进行修改完善。

经过三十多年来市场的培育和洗礼，星群夏桑菊颗粒遍布广东及华南地区，销往港澳、美加等地区，惠及亿万人民。星群夏桑菊具有清热解毒、清肝明目等功效，家喻户晓。

当然，星群夏桑菊之所以能历三十余载，造福百姓亿万之众，一方面是因为其配方精良、合理、科学，另一方面是因为它有与众不同的"独门秘籍"——保密工艺。这保密工艺，使几千年中医药理论和实践留存下来，使星群夏桑菊凝聚了应用有几千年历史之久的中草药的草本精华；这保密工艺的独特之处就在于最大限度地保留了天然中草药的有效成分，特别是芳香性成分，使药品在性状方面（色、香、味）和内在品质均独具一格；这保密工艺使得中药香味浓郁，沁人心脾，应用效果明显优于其他"杏林同辈"。

如今，由白云山星群公司承担制订的夏桑菊颗粒产品质量标准被纳入2015年版《中国药典》，白云山星群公司不愧为夏桑菊产品一直的市场引领者。

神奇的止咳药

位于岭南的番禺（广州的旧称）气候炎热且多雨、潮湿，又常乍暖乍寒，故居民易患伤风咳嗽，经久不愈，难治难好。

光绪年间番禺高第街上的大户人家许家的千金小姐受寒生病，到晚上咳嗽不止，请了几个郎中都不见好转，老太爷急命管家一定要找到医治小姐的药来。

于是管家急忙来到街上寻医问药。抬眼望去，管家看到"潘家川贝枇杷露"几个大字，心中暗喜，这可拿它去回禀老爷了。进得药铺问伙计买药，伙计问管家是什么人吃药？管家一愣，光知道家中女眷伤风咳嗽，但不知道是哪位，也答不出年龄、身高、体态。这时，潘家的掌柜潘百世正好路过，见此情形对伙计说："别难为人了，我随他出诊一次吧。"管家立即答："好啊，求之不得。"

● 潘百世掌柜在药铺

随后二人来到许家大院，通报老太爷。老太爷听说郎中来了，即到客厅会见。管家进门禀报老爷："郎中姓潘。"这潘百世一看老爷子须发花白，胡子有一尺多长，器宇轩昂，神采飞扬，心中不禁好生敬佩，"敢问老人家高寿？"许老太爷年事已高，耳已聋了一只，只听得"高寿"二字，以为是郎中的名字，便记在心中。

潘百世想给小姐诊脉，然而他家小姐平时少出闺门，又病得花容憔悴，不愿见外面的男人，潘百世只能回药铺叫媳妇去诊脉，并拿出"川贝枇杷膏"让她送过去。这个女人也是聪明之人，见了许小姐不忙问病情，而是重点介绍药材之好处，告知用了枇杷果、川贝子和蜂蜜调制好的膏药，还可开脾胃，保胃口。许家小姐是金贵之躯，不想服用苦寒虎狼之药调坏脾气，削弱身体，了解其药性温和才同意服用。

过了几天，许家小姐病情好转，老太爷心头高兴便说要设宴并给予重金酬谢潘家药铺。

第二日上午，许府门前车马兴隆，番禺的头面人物都来赴宴，好不热闹。许家小姐也打扮得花枝招展，神采奕奕招呼女眷。快近晌午，许老太爷见主要客人潘掌柜未到，有些急了，命管家去看看怎么回事。原来这潘掌柜不知是为酬谢他才请的客，故意晚些才去。管家来请，才急忙换件衣衫，就跟着来了。

刚进许家大门，许老太爷一见到潘掌柜就拉着他的手向大家介绍："这就是医治好我家小女的潘高寿先生。"顾及许老太爷的面子，潘百世一时也不好辩驳，只好将错就错。

从此，番禺的众乡亲也跟着称呼潘家药铺为"潘高寿药店"了。

● 潘太太给许家小姐把脉

百年药油源于 1868 "黄祥华"

被誉为"药油世家"的中华老字号"星群"拥有二天油、通窍救心油、四季油、瑞草油、驱风油、白树油、红花油等系列药油产品。虽然公司成立于1950年3月已为人所熟知，但追根溯源，星群发展史可追溯到清末同治年间，这一点却鲜为人知。

在近两年开展的星群厂史修编工作中，经不断寻找查证及整理星群发展的历史脉络，在《广州市地方志》及《广州医药志》等权威出版物中发现，星群最早始于1868年的黄祥华药厂。这一发现使星群的历史可追溯到148年前，跨越了近一个半世纪。

广州"黄祥华"于1868年开业（清朝同治年间），厂址位于现在的十八甫路，当时主要生产如意油。关于黄祥华如意油，流传着这样的故事。清朝时期，黄家父子是做小本买卖的灯饰商。适逢夏天，父子两人出门时双双中暑，躺在路边半天

韩康遗业

（黄祥华）

● 黄祥华如意油

起不来，灯具也掉了一地。这时有个白衣庵的住持路过，看到这种情形就赶紧将他们带回庵中灌了一碗药，顷刻间他们便恢复精力。父亲黄大年十分惊喜，从住持手中求得药方，自此灯也不卖了，一心一意做起药油生意来。后来清军机大臣李鸿章巡视广东，还带着一帮家眷，不料没来几天，一个宠姬出现腹痛、呕吐的症状，随行见了知道是不服广东水土，便让她服用黄氏药油，果然很有效果。于是李鸿章大悦，送了幅横批"韩康遗业"给黄大年，这个消息一出，大家都争着去买如意油，黄氏终于成为药油巨头，产品广销中华大地。

在1956年开展的公私合营工作中，黄祥华等14家药厂与二天堂药厂合并为"公私合营二天堂联合制药厂"。合并后的二天堂以生产药油产品为主，目前找到有记载的药油产品共9个，除二天油外还不乏如意油、清凉油、驱风油、万花油等知名产品，药油世家之名由此而起。其后，二天堂制药厂于1966年更名为健群制药厂，再于1969年并入星群，曾用名"广州第四制药厂"。后于1980年恢复厂名为广州星群制药厂，现即为广州白云山星群（药业）股份有限公司。

由此可见，星群的发展历史至今已超150年，成为广药集团又一家历史过百年企业。星群公司将以此为基础，积极继承和发掘中医药传统文化精髓，不断充实和丰富星群百年品牌文化的历史内涵，积极践行"创造感动，健康成长"的企业核心价值观，早日把星群公司做大做强，成为医药健康产业一流企业。

蔡忠义赠万花油

　　过去，南粤一带流传一句家喻户晓的药物民谣——"家有万花油，跌打刀伤不用愁"，指的是广州敬修堂生产久负盛名的跌打万花油。该药已有130多年历史，成分独特，消炎止痛，去肿活血，功效显著，被誉为跌打刀伤的神药。风行国内及新马泰、南洋各地，甚至远销欧美地区，被列为国家中药保护品种，评为中华特色药。该药的创始人是蔡忠。

　　蔡忠（1844—1943年），广东雷州人，是清末广东五大伤科名医之一。由于从小爱好武术，为班主所器重，14岁被送到福建省少林寺专攻武术，两年学成，重返戏班。22岁离开戏班，前往新加坡谋生。他早年曾拜少林嫡系洪熙官的四传弟子新锦为师，尽得武技医术的奥秘真传，在新加坡便以医济世。

　　蔡忠边行医，边研究制作外用药。他吸收民间良方精华，集各骨科名家所长，注入药理和配上新药种，采用地道药材炮

● 跌打万花油被视为医治骨折、脱位、刀伤、火伤的妙药、圣药

制精制，亲自尝试后供病者试用，不断总结经验，最后确定选用84种中草药浸制。蔡忠对制作工艺的要求极其严格，道道把关，将所有用药切碎，置大缸中，用药用油浸泡30天，再水溶加热，温浸数十小时，待药物放出油液，然后用人工挤出油液，静置过滤，生产周期长达50天。清同治十二年（1873年）蔡忠终于研制成功，定名为"跌打万花油"。此药经济实惠，携带使用方便，药效神速，一经问世，立即赢得良好声誉，被视为医治骨折、脱位、刀伤、火伤的妙药、圣药，不但在新加坡成为抢手货，还畅销东南亚各地。

蔡忠在海外漂泊了30多年，思乡心切，也想早日把跌打万花油带回国内，造福桑梓。清光绪二十四年（1898年），54岁的蔡忠举家回国，定居广州，在西关从秀南路6号开办跌打骨科医馆，名"普生园"。由于医德高尚、医术高明、声誉甚佳，每天求诊者络绎不绝。行医的同时，他又设厂生产自己创制的跌打万花油，行销国内外，有"跌打万花油，铁打的市场"之称。

抗战时，广州沦陷，日本在战争中大量伤兵急需医治，得知普生园医馆制作的跌打万花油有治创伤神功，也可用于治疗战争中的伤员，便多方寻找蔡忠下落，欲逼他交出独门配方。蔡忠早已得到风声，决心不让秘方落到日本人手中，便设法避开日寇，冒着生命危险，暗中把处方献给当时享有盛誉且规模较大、创建于清乾隆五十五年（1790年）的敬修堂药房，以便

让名药流传和造福后人。达成心愿后，1943年春，蔡忠悄然南返故乡。

　　当时，华南沿海地区大部分已被日本人占领，雷州半岛广州湾(今湛江市区旧称)法国租借等地也沦陷了。年近百岁的蔡忠咬着牙，步行兼坐滑竿，历尽艰辛回到故里客路。家乡人民听闻名医九世公（蔡忠是禄盘蔡氏第九代）归乡，特别是知道他的爱国义举之后均肃然起敬，奔走相告，千方百计掩护他。蔡忠虽年岁已高，仍经常为乡亲送药看病，口碑甚好。同年秋，蔡忠病逝老家客路，享年99岁。村民为蔡忠举行了隆重的葬礼，表彰其显赫功德，在祠堂立碑四时祭祀。

"正金油"与"万金油"之争

中华老字号白云山何济公的药以物美价廉而著称,其中何济公的"鹿头牌"红色正金油因为牌子老、功效好而远近闻名。鹿头牌正金油是老百姓居家、旅游必备之品。今天,鹿头牌红色正金油的销量在同类外用油膏中名列前十位。

关于清凉油类药品在20世纪30年代的广州商战,以"虎标"万金油进入广州市场为序幕,以"鹿头""虎标"两大品牌割据市场而结束。在广州过去有一个笑话,讲述30年代出产了一种叫"万金油"的产品非常畅销。有人就马上跟风山寨了,并且仿冒托名叫"万全油"。再后来,有人也发明了一种药油,不叫"万全油"了,费尽心思改名叫"正全油",这似乎在影射何济公正金油。这一笑话或源于1932年那场商业战争对手互掐的说辞。

人见人爱

花开见花

紅色正金軟膏

OTC

每盒装4克

虎標萬金油

TIGER BALM

虎標萬金油

PK

正金油

萬金油

國貨神器

GUO HUO SHEN QI

◇ "正金油"與"萬金油"之爭 ◇

据广州市志记载，早在清光绪年间（1875—1908年），广州何济公的前身徐宁远堂就已经开始生产清凉油［《广州市志》卷五（上）医药志之三软膏剂］，其年头远远早于大名鼎鼎的虎标万金油。而南洋华侨胡文虎则是于1910年将中成药"玉树神散"改良成为万金油。1932年，胡文虎的永安堂在广州建立制药厂，"虎标"万金油正式抢滩广州市场，逐渐确立其市场地位。在此期间，广州何济公的另一前身万灵药厂生产的"正金油"也成为老百姓常备药了。

八十多年前的一场清凉油商战，孰是孰非，恩怨难断。不过七十载渡尽劫波，能延续下来传承至今的品牌也只有赫赫有名的"虎标"万金油和何济公的"鹿头"正金油了。

从荔湾老城区迁居天河的许先生说："也许在外地，'万金油'成为一种词汇，形容一个人样样会一点，但又水平一般般，不能精通；或形容一件物品，哪里都用得上，只是作用程度有限。"不过一遇到类似情形，老广们将其说成"正金油"的概率也不低，远大于外地。其实在老广州人心目中两种清凉油各有各的好，区别还是有的。

20世纪50年代以后，何济公制药厂生产的正金油和清凉油，对蚊叮虫咬有止痒止痛作用，在非洲和欧美地区成为受欢迎的小礼品。何济公制药厂于1965年被定为以生产下乡成药为重点的综合性制药厂。

1967年，何济公膏剂生产技术进行了几次重大改革。以蔡伟为主力的技术攻关小组自行设计膏剂自动灌封机，取得重大成功，短时间内制造4台，其中一台为双头，使厂里膏剂灌装工序难题迎刃而解；1973年，林少山改进并研制成功膏剂入盒机，形成灌封入盒联动线，这在当时也是十分轰动的事。当年软膏生产工艺由冷配改为热配，塑料管代替铅锡管包装，都是何济公率先在国内改进的；即使是"文革"动乱期间，当时全厂年膏剂生产数量也过亿支。

后来经过二十多年的改造，尤其是近十年，何济公引进德国、瑞典等先进国家的膏剂生产设备，使膏剂生产完全走上机械化和自动化。从20世纪六七十年代开始，何济公的膏剂无论是品种、产量还是质量在国内都是当之无愧的"膏剂大王"。

镇痛药膏助民"脱苦海"

消炎镇痛膏是中国第一个含药橡胶贴膏，堪称中国含药橡胶膏的鼻祖，是人们常用最简便的一种外用药，对风湿骨痛、跌打损伤等有较好的效果。消炎镇痛膏就是这样一种简单、有效的药膏，曾经慰藉人们的伤痛，故而人们约定俗成地称之为"脱苦海"。

而诞生于1970年1月的"701"跌打镇痛膏，曾历经20世纪70～80年代的辉煌，它曾抚慰广州游子思乡情怀，凝集着广州人一种独特的情结，见证了一段历史，彰显出一种文化价值，带给许许多多广州人难以忘怀的回忆。

追溯这两种本土药膏的历史，应该从白云山何济公制药厂最早的前身广州新民敷料厂说起。广州新民敷料厂成立于1923年，是广州最早从事医用敷料生产的药厂。橡胶含药技术始于日本，1958年，曾在日本留学的广州人陆顺天率先受到启发，

首创了国内第一个含药橡胶膏。五四运动后，国内掀起了"抵制日货"的风潮，主要靠日资企业生产的医用敷料出现紧缺。一心想实业救国的陆顺天先生创办了新民敷料厂。1949年后，新民敷料厂等企业并入新成立的广州卫生材料厂。1958年，国内第一个含药橡胶膏消炎镇痛膏在广州诞生。在此基础上，1970年1月，企业通过技术创新，将岭南跌打伤科的中药名方制成中药贴膏剂，"701"跌打镇痛膏诞生。

消炎镇痛膏及晚十二年诞生的"701"跌打镇痛膏经常被混淆统称为"脱苦海"。而消炎镇痛膏经历过建国初期的困难及紧随其后的动乱，较"701"跌打镇痛膏历史久远。

到了20世纪70年代，不少药店的老店员见证"701"跌打镇痛膏的辉煌，那时候很多海外侨胞回乡探亲，一次就买二三十罐"701"跌打镇痛膏作为礼品带走馈赠亲友。有老广回忆说："那个年代，民间的医疗靠赤脚医生、草药针灸和'701'跌打镇痛膏。"

几十年来，消炎镇痛膏和"701"跌打镇痛膏一直是人们常用并且简便廉价的外用药，对风湿骨痛、跌打损伤等有较好的疗效。在过去缺医少药的年代，群众巧用镇痛膏治疗多种疾病。同时，使用这两种药膏似乎也是人们舒缓苦痛的一种方式：黄昏入夜，城乡昏暗的灯光下，辛勤劳作了一天的人们早早洗漱之后，倘若感到腰酸背痛，或者有跌挫扭伤，都会毫不

犹豫地"啪、啪"贴上几张药膏贴，舒展一下身体，然后安然入睡。

今天，"701"跌打镇痛膏作为岭南风湿跌打良药的传世名方制成现代剂型驰名省港澳已经整四十四年，曾连年获"广东名牌产品""广州名牌产品"等殊荣，产品远销港澳、东南亚、美国、加拿大等国家地区，并且每年出口均过千万，为中国外用贴膏类出口第一产品。

安宫牛黄丸，南有橘花仙

　　温病（瘟疫）被古人认为是死亡的象征。岭南地属亚热带地区，气候环境适合细菌的滋生与传播，南粤大地常有疫症流行。直至安宫牛黄丸问世，才大大降低了温病（瘟疫）的危害。

　　清咸丰八年(1858年)，岭南名药坊橘花仙馆根据《温病条辨》研制成功安宫牛黄丸，擅长"救急症于即时，挽垂危于顷刻"，在清末民初时留下了"安宫牛黄丸，南有橘花仙"的美誉。不过由于制备安宫牛黄丸所需的药材非常名贵，有牛黄、麝香、犀牛角、珍珠等，所以非寻常人家所能拥有，一旦拥有，也常常被当作"传家宝"珍藏，以备不时之需。

　　橘花仙馆的商标"仙橘牌"，自清朝一直沿用至1949年后。1956年公私合营时，橘花仙馆和马百良药店这两家均精研安宫牛黄丸的百年老药店合并，聚两者药方之优长，发展演变为今天广州白云山中一药业的"白云山中一牌"安宫牛黄丸。

几十年间虽陆续改用了"马字牌""仙橘牌""广中牌"商标，白云山中一药业的安宫牛黄丸的生产始终没有停止，并频获认证。

在广州，50岁以上的老人们对20世纪70年代的安宫牛黄丸印象深刻。在白云山中一药业的资料馆中还收藏有一位市民捐赠的一盒在1977年购买的安宫牛黄丸，上面的收据写着3.33元。捐赠者说，当时他的月收入才七八元钱，而这盒药还是托了不少关系才能买到。由此可见安宫牛黄丸在广州受欢迎的程度，而且它因疗效显著，声名远播。

1956年，北京、河北发生大规模乙型脑炎事件，毛泽东主席听取医生的建议，下指令用安宫牛黄丸治疗，疫情得到有效控制，全国轰动。2003年，SARS重创中国，国家中医药管理局颁布的《传染性非典型肺炎（SARS）中医诊疗指南》推荐使用安宫牛黄丸。2009年甲型H1N1流感期间，卫生部更推荐使用安宫牛黄丸治疗中医辨证为"毒壅气营"的H1N1流感。针对前不久的H7N9禽流感，安宫牛黄丸也是国家卫健委推荐用药。

以往的安宫牛黄丸售价昂贵，普通市民只能望药兴叹，医生也不敢随便给老百姓开此药。白云山中一将现代医理和科技结合，打造出质优价廉的"白云山中一牌"安宫牛黄丸，80元的售价让"旧时王谢堂前燕"终于飞入寻常百姓家。

● 安宫牛黄丸所需的药材非常名贵，常被当作"传家宝"珍藏

妇科圣手，滋肾育胎丸

　　白云山中一药业的滋肾育胎丸的历史也许没那么悠久，但是它的创制者——新中国第一位中医教授、岭南妇科圣手罗元恺却演绎了一段杏林传奇。

　　罗元恺出生于广东南海一个书香世家，从小就跟随父亲开始接触中医，背诵中医汤头歌诀，随父侍诊，被称为"医生仔"。1935年，罗元恺以第一名的成绩在广东中医药专门学校毕业，此后先后在广州、香港等地行医。新中国成立后，罗元恺一直都很积极地为振兴中医努力。36岁的他就任广东中医药专门学校校长，后又兼任附属广东中医院院长。1977年，他成为中国第一位中医教授。作为中医教育家，他见证了中医近百年沉浮兴衰，一生投入中医教育。

　　罗元恺教授擅长于内、妇、儿科，尤其精通妇科。他提出一个著名的学术观点，认为"肾—天癸—冲任—胞宫"是女性

生殖调节轴。他重视肾脾气血，认为肾主先天，脾主后天，先后天协调，气血旺盛。妇女的生理特点主要是月经与妊娠，与肾气的盛衰有直接的关系，闭经、不孕或屡孕屡堕的患者亦多有肾虚表现。

● 罗元恺教授为病人诊脉

很多老广州都知道罗元恺享有"送子观音"的美誉。调经、助孕、安胎是他的三大"法宝"。罗元恺经常带领弟子们下乡巡回医疗，给贫苦村民看病，每次都被团团围住，"连上厕所都会跟着"。一些村民为了得到进一步的治疗，会一直跟着他到广州，甚至跟着到他家。他的家里总是挤满了人，都是追到家里来要找罗元恺治病的病人，有高官也有老百姓，罗元恺一视同仁。由于"文革"后期罗家住的房子只有30多平方米，病人们都挤不进屋里来，只好站在屋外的楼梯上，但是他们谁也不愿走，只盼"让罗老看一下"。

滋肾育胎丸就是罗元恺教授在经典名方寿胎丸的基础上，又根据自己的临床经验和学术研究，加味创制而成。通过"补肾法"来进行"调经、助孕、安胎"，治疗不孕不育、先兆流产、习惯性流产。滋肾育胎丸问世以后给许多家庭带来了福音，这三四十年间，中一药厂收到的感谢信、小宝宝照片不计其数。其中一封是来自河北的宋玉萍写的，她结婚5年怀孕了6次，可是每次都在怀孕三个月到三个半月时流产，夫妻俩四处求医，中药、西药都用过，也没有效果。自从服用滋肾育胎丸，已困扰她多年的腰酸、痛经等问题完全消失了，并顺利怀孕产下一健康男婴。滋肾育胎丸至今在中西医妇科临床仍非常受欢迎，成为圆子嗣之梦的良药。

千年古方小柴胡

　　"小柴胡"这个词我们都很熟悉，感冒的时候医生或药店店员会给我们推荐小柴胡颗粒，在各种古装剧、武侠小说中也会有"神医圣手"、太医等开一剂"小柴胡汤"，那我们现在喝的小柴胡颗粒与小柴胡汤有什么渊源和关系呢？

　　一道佳肴既要有特定的食材，也离不开专门的烹饪技艺，同样中药的配制也是如此。小柴胡制剂方法包括两部分：一是小柴胡方；二是其古法制作工艺"去滓再煎法"。小柴胡方源自东汉医圣张仲景所著《伤寒杂病论》中所记载的"小柴胡汤"。"去滓再煎法"是《伤寒杂病论》中所记载的六种中药经典煎煮古法之一，至今已有1800余年历史，是世界上历史最悠久的制药工艺之一。

● 张仲景差人煎煮小柴胡汤

　　东汉建安七年（202年），《伤寒杂病论》著者张仲景任长沙太守。张氏后人有一支脉南迁岭南，《伤寒杂病论》及小柴胡制作工艺被传入广东。后与晋代伤寒派代表人物葛洪逐步形成岭南中医医派。1896年，师承岭南医派的唐拾义医师传承医圣古法，倡导"中药为本，西药为用"，以中西结合工艺制成特色中成药，被孙中山誉为现代制药先行者。20世纪初，唐拾义药厂先行将中医药传统制作工艺与大型制药设备结合生产中成药，该厂后来遵循孙中山"光大中华"遗愿，改名为"光华制药厂"。20世纪90年代，光华制药厂首创工业方小柴胡冲剂，患者在服用前以温水溶解后还原为汤剂，既保留了古法制剂功效和服法，又便于携带和保管，被誉为古今接轨代表方，是现代技术与传统工艺结合的创举。2000年，国家将光华制药厂首创的小柴胡颗粒工艺收入《中国药典》（2000版）。

　　在2003年抗击"非典"中，小柴胡方以救治数十名"非典"病人，创下无一例死亡、无一例残废的奇迹，被列为"抗非三宝"之一。2009年初，在抗击全球"甲型流感"疫症中以两天退烧并退热不反弹的疗效胜于西药达菲的临床结果，延续了中医药的功效，在世界医药史上创造了新的奇迹。

● 医圣张仲景传人向白云山光华制药赠匾"医圣经方，一脉传承"

抗击"非典"的"四座大山"

2003年2月，一场突如其来的"非典"疫情让抗病毒效果显著的"白云山"板蓝根颗粒成为供不应求的药品，面对手拿现钞排队等候的"长龙"，面对提价即可获得高额利润的诱惑，白云山中药厂没有在暴利面前折腰，反而率先向社会公开承诺"白云山板蓝根不提价，质量不打折，亏本也要生产"，日夜三班开足马力支持社会抗击"非典"，得到了社会各界的广泛好评。"白云山"产品在当时极大地提升了中国人民的信心，社会公众甚至把它和当年最具标志性的"王岐山"（时任紧急"救火"的北京市长）、"钟南山"（最权威中坚的"民族之魂"院士）、"小汤山"（紧急搭建的"非典"隔离临时医院地点）并列，统一被称为战斗在抗击"非典"最前沿的"四座大山"，一时成为美谈……

板蓝根在抗击"非典"中展示的良好效果，随即引起医药界的极大后续关注。在美国举办的全球抗病毒性流感峰会上，中国工程院院士钟南山关于板蓝根抗病毒性流感的研究引起了高度关注。全球最大卫生科研机构、美国国立卫生研究院（NIH）正式与广药旗下的白云山和黄中药就白云山板蓝根颗

● 钟南山点赞白云山板蓝根颗粒

粒抗病毒机制研究签订了合作协议,并资助白云山板蓝根抗病毒机理研究。这是美国首次向中国中药抛出的橄榄枝。

板蓝根作为治疗流感、发热的中成药由来已久,使用广泛,但由于抗病毒作用机理不清楚,一直无法走出国门。随着病毒性疾病对人类造成的危害日益加大以及病毒耐药性的增多,国际上也渐渐将研究方向转向中医药防治。2007年,白云山和记黄埔中药有限公司与钟南山合作共建"呼吸疾病国家重点实验室",并由钟南山领衔英国爱丁堡大学、澳门科技大学等全球团队共同开展板蓝根抗病毒机制研究课题。时任课题组副组长、广州白云山和黄总经理李楚源表示,正是这个课题的启动引起了美国NIH对中药板蓝根的关注,进而邀请课题组赴美参会。

课题组有关负责人林青博士介绍,此次双方初步商定在为期一年的合作过程内,由NIH提供世界先进的病毒模型对白云山板蓝根颗粒抗病毒作用进行筛查。而筛查范围也十分广泛,包括流感病毒、禽流感病毒、SARS、乙肝病毒、艾滋病毒、带状疱疹病毒等20多个高致病性病毒。

李楚源表示,在西药感冒药被质疑的时候,美国NIH首次对我国中药感冒药的研究,甚至可能影响欧美国家药物的政策走向,也有助于板蓝根等我国中药感冒药早日走出国门。

绿

◆
生态中药

秀才夜尝益智仁

唐代一裴姓秀才屡考未中，心神万分焦虑，从此不思饮食，夜不安寐，致使脾胃不和，失聪健忘，阴虚肾衰，学业荒废，惶惶不可终日。

又是一个难熬之夜，裴秀才辗转反侧，实在无法入睡，索性起床，踏着月光出门游历。他像夜游神一样漫步在杂草丛生的荒野，突然一缕暗香缥缈而来，只见银光下的一簇野果垂怜可爱，沁人心脾的诱惑迫使他无意考虑是否有毒，便胡乱地顺手捋下一把放入口中。裴秀才惊奇地感到，这野果馨香酸甜，清心爽口，触发食欲，他不禁边采边吃，饱享口福。

从此，尝到甜头的痴人裴秀才，经常撷食此果。数日后，他脾和胃开，睡眠改善，博闻强记，精力充沛，可谓化痴愚为聪慧，翌年高中举人。这一改变裴秀才命运的神奇野果，便是四大南药中的益智仁。

● 秀才夜尝益智仁

益智仁为姜科多年生草本植物益智的成熟果实，味辛，性温，归肾、脾经，具有温脾止泻摄唾、暖肾固精缩尿的功效，用于治疗脾寒泄泻、腹中冷痛、口多唾涎、肾虚遗尿、小便频数、遗精、白浊等症。敬修堂药业的固肾定喘丸、奇星药业的金丹丸均含有益智仁成分，达到补肾温阳、益气健脾的药效。

　　现代药理研究证实，益智仁对特异性细胞免疫功能有促进作用，并能改善营养、体重和耐受力，对阳虚怕冷的病人有明显的强壮和治疗作用。益智仁中所含有的苯丙基糖苷类化合物能明显提高男性的性功能和记忆力。益智仁还能提高女子垂体对黄体生成素释放激素的反应和卵巢对黄体酮生成素的反应，从而促进女性性功能。益智仁温而不热，暖而不燥，补而不峻，涩而不泄，久服能养颜轻身，延缓衰老。

砂仁益胃壮鼠牛

硕鼠，即大老鼠、大田鼠。我国先秦时期的《诗经》，就载有《硕鼠》一诗："硕鼠硕鼠，无食我黍！三岁贯女，莫我肯顾。逝将去女，适彼乐土。乐土乐土，爰得我所。"晚唐诗人曹邺的《官仓鼠》，则以硕鼠暗喻吸食百姓血汗的贪官污吏："官仓老鼠大如斗，见人开仓亦不走。健儿无粮百姓饥，谁遣朝朝入君口。"显然，这两首诗描述了老鼠或官吏等一丘之貉的贪婪，他们皆以攫取民脂民膏而养尊处优，颐养得肥头大耳，肌丰腹满。

在岭南莽莽原野，有一族靠采食姜科野果为生的田鼠，由于常年嗜食富有健脾益胃和补肾功效的野果，促使它们彪悍雄健，体长与黄鼬一般，胜过"大如斗"的官仓老鼠。

无独有偶，岭南西部一次牛瘟大流行，境内方圆数百里的耕牛一头一头地病死，唯有在岭南超级田鼠聚集的莽原一带的耕牛却没有发瘟，而且头头强健力壮。原来，那里的耕牛也时常品味此果，凡是在那里放牧的耕牛，头头生得膘肥雄壮，牛劲无敌，具有极强的免疫力，难怪它们在牛瘟肆虐时会安然无恙。原来，滋养这些硕鼠和悍牛的是同一种植物——砂仁。

砂仁，味辛，性温，归脾、胃、肾三经，具有行气和中、和胃醒脾、收敛止泻、理气安胎、芳香燥湿和宽胸健胃的功效，用于脾胃气滞或中气不足所致的多种消化道证候。如胸膈胀满，气滞食积，呕吐泄泻，饮食少进；或脾胃虚弱，冷滑下痢不禁；或妊娠呕吐，胎动不安，先兆流产；或气逆作呕，痰多喉痒，呼多吸少。

砂仁在中成药制作中应用得比较广泛，是一种常用中药。如陈李济药厂的补脾益肠丸、妇科养坤丸、追风苏合丸、宁心补肾丸、参茸卫生丸、养心宁神丸、参茸白凤丸、宁坤丸、千金保孕丸，中一药业的调胃消滞丸、肚痛丸、滋肾育胎丸、木香顺气丸、红花跌打丸，敬修堂药业的固肾定喘丸、跌打万花油、参苓白术胶囊、沉香化气丸、开胃健脾丸、香砂六君丸，奇星药业的香砂胃痛散，星群药业的六神去暑水、济众酊等均以砂仁入药，具有行气调中、和胃醒脾的功效。

现代药理研究表明：砂仁主要成分为挥发油，包含乙酸龙脑酯、樟脑、柠檬烯、龙脑、月桂烯等26种。所含有效成分可加强胃肠平滑肌蠕动，增加胃消化酶的分泌而不刺激胃酸分泌，调节胃动力，因而可以广泛地应用于消化系统和呼吸系统疾病。

● 砂仁滋养了硕鼠

孔明难虞巴戟天

　　蜀汉建兴三年（225年），蛮王孟获犯境侵掠，孔明亲率大军南征平叛。"时值五月，天气炎热，南方之地，分外炎酷，军马衣甲，皆穿不得"。为此孔明特制了一种中成药，分发给士兵服用，使蜀军抵御了山岚瘴气的侵袭，七擒南蛮王孟获，取得了战争的胜利。这种中成药就是留传至今的诸葛行军散，因为孔明曾被封为武乡侯，所以又名"武侯行军散"。

　　然而，在这次进军中，还有一段尴尬的插曲令孔明啼笑皆非。那时，孔明率领的千名蜀军埋伏在西南的十万大山，欲等待南蛮王孟获的兵马通过，便可卡断后路，一举将其擒获。结果由于过早暴露目标，孟获率军半路撤回，蜀军伏击未成。而蜀军暴露目标的根源，是一种能为士兵充饥的茜草科植物。

　　蜀军埋伏在山间密林里，饥饿难耐，于是饥不择食，就地取材，挖取一种肥壮植物的根以充饥，这种草根酸甜适中，食

● 孔明特制了一种中成药，分发给士兵服用

用后周身发热，下体勃起，经久不衰，难以忍耐，千名士兵身不由己地呼出声来，结果吓跑了孟获的兵马。导致蜀军阳事勃发的草根，即是十万大山里的南药——巴戟天。尽管孔明神机妙算，但还是无法预测出兵马采食巴戟天后的骚动，导致伏击计谋功亏一篑。

巴戟天是珍稀南药，主产于广西的十万大山。其味辛、甘，性温，入肝、肾经，具有补肾阳、壮筋骨、祛风湿的功效，适用于腰膝无力、关节酸痛、子宫虚冷、肾亏阳痿等症。巴戟天一般使用在滋补壮阳类方剂或中成药当中。陈李济药厂出品的"全鹿丸"，来源于明代张景岳的《景岳全书·新方八阵》里面一道补虚损方剂，里面精选了肉苁蓉、锁阳、巴戟天等补肾固精的中药材入药。同理，中一的参茸丸、鹿尾补肾丸、滋肾育胎丸，敬修堂的蛤蚧大补丸，还有奇星的金丹丸，都使用了巴戟天来达到补肾填精、益气培元的效果。

据现代药理研究，巴戟天含有糖类、维生素C、11种氨基酸、16种微量元素和甲基异茜草素等成分，尤其能提升男女性功能强度，防治肾虚阳痿、少腹冷痛、小便失禁、子宫虚冷、风寒湿痹和腰膝酸痛等症，素有"北方高丽参，南方巴戟天"之美誉。

● 巴戟天

造福人民
华佗再造丸 Huatuo Zaizaowan
GUANGYAO GUSHI
广药故事

绿

◆

健康密码

广药神效沸京师

　　清同治九年（1870年），广东举行乡试，新宁（台山）人余家相脱颖而出高中举人。中举的余家相意气风发，与友人游览省城，其间偶有身体不适，服用省城广芝馆的中药后感觉药效显著，因此对此药十分认可。

　　清光绪二年（1876年），苦读六年的余家相离粤进京赶考。功底扎实的他认为自己必能在来年春闱（会试）中高中贡士进入殿试，取得功名。

　　按照惯例，取得贡士或进士的士子们均要拜见自己的主考官（俗称恩师）"问业"，通常需要带本地特产手信。余家相对自己充满信心，也对广东的中药充满信心，于是挑选了一大批广芝馆生产的丸散药等进京助考，自用并作手信。

　　余家相与随从的书童和挑夫经过几个月的长途跋涉终于到了京城，路途中身体不适的时候均靠自带的广药治疗疾病。清

神奇"广药"药到病除

光绪三年（1877年）三月，京试会试（春闱）正式开考，余家相一举高中，取得贡士功名，并进入四月由皇帝主考的殿试，金榜题名是天下所有士子们的愿望。余家相在殿试中发挥相当出色，金榜题名高中第61名，被钦赐翰林院编修并钦点户部主政。

余家相在京城的会试和殿试的主考大臣均为翰林院掌院毛昶熙，殿试过后余家相按照惯例去毛昶熙府中拜见"问业"，

其中献给恩师的手信就是广芝馆产的牛黄丸、红灵丹等丸散多种，并对恩师说广芝馆的药"名彰遐迩久矣"。在京期间，余家相拜师访友，与恩师毛昶熙的师生之情更是格外深厚。

是年冬，余家相离京回粤。远在北京的毛昶熙的一位好友突然中风，闻讯后毛昶熙突然想起余家相送的手信广药自己用时效果挺好，急忙搜罗起来带到好友家中，见其"患风痰势甚危急"，马上拿出牛黄丸、红灵丹等药给其服用，居然马上见效。好友惊喜之余，盛赞此药有"起死回生"的功效。

毛昶熙手中"广药"有神效的消息，很快在京师达官贵人之间传播开来。京师头脸人物纷纷登门索取，余下的即刻被送完。由于索药者甚多，时其记载京师好友纷纷"怂恿邮函索之"，"索之"这两个字道出了京师重臣们放下身段求神效之药的迫切心态。余家相得恩师信件嘱托后，急忙购买广芝馆的丸丹散等数十种邮寄给恩师，并邮寄药目一卷。大学士毛昶熙得到药后广泛馈赠京师大臣，时其记载曰"得之者视如拱璧"，从此被视为神药风靡京师。

为什么广芝馆的药有这么好的神效呢？毛昶熙主动研究起余家相赠送的广芝馆药目书卷，得出了如下结论：选择极精、炮制极工、调剂极妙、配合极纯。这位从不随意留下书法文章的掌院大学士特意给广芝馆写下了一篇推广文章，结尾寄语写道："世之悬壶阛阓（市肆、街道）有如广芝馆者乎，吾民尽登寿域矣，爱书数语于简端，以志忻望焉。"

消炎镇痛膏与柬埔寨国王

1977年，柬埔寨国王西哈努克来访广州，整个广州几乎倾城而出，夹道欢迎。西哈努克长期被风湿困扰，每逢阴雨天气双腿就疼痛难忍，到各国遍寻名医都没有治好。

他到广州访问时，又逢风湿发作，随行的中国翻译见他难受，就给了他一片消炎镇痛膏。西哈努克睡前把它贴于膝盖，第二天早上起来疼痛竟然消失了。西哈努克找来中国翻译，想了解这功效神奇的消炎镇痛膏的来历。

原来，消炎镇痛膏是当时的广州卫生材料厂在国外著名的"脱苦海"贴膏的基础上研制的，是中国第一个治疗风湿骨痛的含药贴膏。消炎镇痛膏解决了西哈努克多年的疾患，他本决定去参观并感谢消炎镇痛膏的发明和生产厂家——当时的广州卫生材料厂，但由于活动日程安排得很紧，西哈努克唯有派随行人员到该厂购买消炎镇痛膏，并一再叮嘱要对该厂的工人表示感谢。于

是，广州卫生材料厂就与这位柬埔寨国王结下了渊源。

后来，广州卫生材料厂改为广州卫材制药有限公司。2005年3月，该公司与白云山中药厂的外用药部分合并，成立了广州白云山制药股份有限公司白云山外用药厂。今天，消炎镇痛膏和柬埔寨国王西哈努克的这段故事仍然流传于白云山外用药厂的员工当中，他们为这个中国首创的含药贴膏——消炎镇痛膏而深感自豪。

柬埔寨国王点赞消炎镇痛膏

名家结缘潘高寿

一代宗师愈顽疾

1992年春，著名书法家、全国政协常委、北师大教授启功先生偶染风寒，咳嗽不止，在医生和专家的指导下，试服了潘高寿蛇胆川贝枇杷膏，竟然不咳不喘、心平气顺。是年初冬，启老因出席一个学术活动南莅广州时，为了表达谢意，专门挥毫为潘高寿题诗一首："积功累德潘高寿，妙药灵丹济人世；保得艺林书画手，三冬写遍岭南春。"

不久之后，潘高寿公司得知启老在京气管炎病再度发作，立即派专人前往探视，并送上潘高寿的著名产品蛇胆川贝枇杷膏和蛇胆川贝液。启老病愈之后为表谢意，再次欣然命笔，为潘高寿公司题词："灵丹妙药潘高寿，医我多年气管炎。政协书林承奉献，寿人寿世寿常添。"

灵丹妙药潘高寿　　医我多年气管炎

政委书林承奉献　　寿人寿世寿常添

- 启功结缘潘高寿

程思远命笔留墨宝

程思远先生是著名的无党派爱国民主人士，杰出的社会活动家，中国共产党的亲密朋友。1989年冬，程思远先生到深圳考察偶感风寒，咳嗽不止，最后服用了潘高寿蜜炼川贝枇杷膏才止住了咳嗽。以后，程老每遇咳嗽或者喉咙不适，就一定要找潘高寿的蜜炼川贝枇杷膏。1991年10月，时任潘高寿药业公司董事长、总经理的彭文协到北京公干，专程到程老寓所拜访，程老仍然对此产品念念不忘，欣然命笔写下了对潘高寿蜜炼川贝枇杷膏疗效的真切感受："前年在深圳偶感风寒，久咳不愈，结果服了潘高寿蜜炼川贝枇杷膏，药到病除，诚可谓仙丹也！"

● 程思远服用蜜炼川贝枇杷膏

康克清妙言"攀高寿"

在纪念"宋庆龄基金会"成立10周年的大会上，时任潘高寿药厂企业文化艺术团荣誉团长兼艺术顾问的著名歌唱家、表演艺术家郭兰英向基金会主席、朱德总司令夫人康克清介绍广州潘高寿药厂及其系列产品。

康克清大姐接过郭兰英递上的潘高寿牌蛇胆川贝液和蛇胆川贝枇杷膏，用手抬了抬眼镜，仔细看清楚包装盒上的商标，一字一句地对郭兰英说："'潘——高——寿'，这名字起得好呀！"紧接着，她又风趣地说："'潘高寿'就是'盼'高寿。谁不盼高寿啊？哎！我们都来'攀'高寿吧！"在场的人们都为80高龄的康克清大姐幽默的谐音比喻和敏捷的反应所折服，不约而同地鼓掌、喝彩。从此以后，康克清大姐巧说"盼高寿""潘高寿""攀高寿"的故事便在许多人和许多场合中流传开来。

● 康克清与郭兰英

"情系高寿"的人民艺术家郭兰英

91岁高龄的郭兰英老师精神矍铄、容光焕发，她饶有兴致地聆听，与在场人员翻阅重温从艺60周年的画册《人民艺术家郭兰英》，回忆起南下办学、与潘高寿结缘等经历，她愉快地在画册扉页签上自己的名字，并向广药集团和潘高寿赠送了珍贵的《为人民歌唱——郭兰英艺术成就音乐会》黑胶唱片……这一幕幕温情的画面，就发生在广药集团领导慰问郭兰英老师的过程中。

2020年11月4日，广药集团党委书记、董事长李楚源，潘高寿董事长、总经理杨东升，党委书记苏广丰，工会主席陶跃良一行前往看望并慰问"人民艺术家"国家荣誉获得者、"最美奋斗者"、著名歌唱家郭兰英女士。

李楚源董事长一行与郭老师促膝交谈，关切询问其身体、生活等情况，并汇报了广药集团、潘高寿在传承创新发展中医药工作中取得的成绩。因天气渐凉、秋燥来袭，李楚源董事长一行贴心地为郭老师准备了潘高寿蜜炼川贝枇杷膏、蛇胆川贝液等系列治咳良药及川贝枇杷糖、燕麦稀、刺柠吉等润肺养生的健康食品。

"人民艺术家"郭兰英年届九旬，风采依然。20世纪末，郭兰英任潘高寿企业文化顾问期间，郭兰英艺术团和潘高寿企业文化艺术团联手，为社会精神文化建设增添异彩，留下了许多动人故事。

● 广药集团党委书记、董事长李楚源带领团队看望并慰问"人民艺术家"国家荣誉获得者、"最美奋斗者"、著名歌唱家郭兰英女士

郭兰英是中国民族新歌剧的杰出代表人物，《我的祖国》《南泥湾》《白毛女》等作品脍炙人口、传唱至今。她曾荣获"中国文联终身成就戏剧家"、金钟奖终身成就奖、中国首届"金唱片奖"等荣誉，为中国民族歌剧表演体系的建立和民族演唱艺术的发展作出了开拓性贡献。2019年被授予"人民艺术家"国家荣誉称号、入选"最美奋斗者"个人名单。

早在20世纪90年代，郭兰英老师即对潘高寿的治咳产品信赖和赞誉有加。1990年1月，时任潘高寿厂长彭文协收到广州市质量管理协会转来的一封信。郭兰英服用过潘高寿的蛇胆川贝液，有感于该产品质量好、疗效确切，于是致信赞扬和感谢。

她担任潘高寿艺术团的名誉团长，带领员工到全国各地演出，锻造了一支宣传企业形象的骨干力量。郭兰英老师不仅对潘高寿的企业文化建设悉心指导，而且对企业经营发展倾注热情，对公司发展起到了重要的促进作用。

李楚源董事长衷心感谢郭老师对广药集团和潘高寿的关注与支持，并向她赠送纪念品，祝愿郭老师幸福快乐、健康长寿。"潘高寿、盼高寿"，恰逢2020年是潘高寿成立130周年，郭兰英老师对潘高寿送上了最真挚的祝福。

"再造"诗人艾青

艾青，是20世纪著名诗人之一，他的作品曾影响甚大。他在耄耋之年仍耳聪目明，执笔自如坚持创作。但鲜有人知晓，艾青由于历史原因被迫害送到北大荒劳动改造，受了近20年非人的折磨，精神和肉体都受到极大摧残。直到20世纪80年代初，他才得到平反。可是，由于身体健康每况愈下，不幸中风卧病，生活难以自理。不愿做"活死人"的他，几度欲结束生命。

当时，奇星药厂有一种用于痰瘀阻络之中风恢复期和后遗症的中成药"华佗再造丸"，是由川芎、吴茱萸、冰片等几味中药经加工制成的浓缩水蜜丸，具有活血化瘀、化痰通络、行气止痛等功效。奇星药厂听闻艾青患中风，通过文艺界人士向其赠药。诗人服用华佗再造丸后，顽疾渐消，心情健朗。直到1992年，竟然痊愈，并能重新执笔创作，四处走动会见客人，

● 艾青为奇星题词

逢人便口述华佗再造丸的神奇功效："对症的药是患者走向康复的桥梁，而华佗再造丸就是我康复的桥梁。"

1993年，奇星的负责人去探望他，艾青称赞道："你们那个药，真是雪中送炭啊！"随后他欣然命笔题字"造福人民"。

由于华佗再造丸独特的纯植物药组方，临床疗效高，1985年华佗再造丸成为《药品管理法》颁行后政府规定的第一个保密处方。1998年华佗再造丸成为第一个以药品身份进入俄罗斯的中成药，并逐步成为俄罗斯心脑血管预防和治疗主要用药。2005年华佗再造丸列入越南《国家医保药物目录》。目前，华佗再造丸已进入全球29个国家和地区，连续10多年领跑我国中成药出口销量。

生活不只眼前的苟且，还有诗和远方，以及造福的灵药。

造福人民

诗人艾青

俄罗斯康复军人的"华佗"情

　　戈尔科夫是一位住在莫斯科郊外的退役军人，生于1932年。老人在黑海舰队当少将时曾受过苏联领导人戈尔巴乔夫的接见，有一段引以为荣的个人史。1990年冬，58岁的戈尔科夫在甲板上巡岗时感到头昏，接着有间断性眩晕感，下眼皮总无端颤抖；左手臂尤其是手指很麻木。一天夜晚，他起床准备外出巡岗，刚走出房间，便突然倒在客厅的楼梯口下。

　　从这一天起，他再也离不开病房，他办理了退役手续。医生对他说，他患了脑血栓，这是一个很难治的病，需要长期休养治疗。这一年，他又遇上苏联解体、军费削减、薪水减少，他只好靠当护士长的夫人卡列娜和当中学历史教员的女儿接济治病。他甚至一度想过自杀。

　　1998年春天曙光出现，华佗再造丸开始大规模销往俄罗斯，并且陆续进入各大城市的医院和药店。医生说，这是一种

纯植物药配方的中成药，脑血栓和脑出血皆能治。戈尔科夫听说该药自问世十几年来，在中国已让数百万中风患者重新站起来，便迫不及待地要家人为他买了12盒华佗再造丸服用。

服完两个疗程时，奇迹出现了：冰凉的手心开始有了温暖，头晕头痛日渐减少，食欲和睡眠也好多了，僵硬了七年的左半身慢慢有了感觉。他继续服用华佗再造丸。不到一年，他已经能在女儿的搀扶下拄着拐杖到军港看看了。这越发地增强了他彻底战胜中风的信心。他再按维持量服了数个疗程，几乎康复如初。在女儿的陪伴下，他不用拐杖也能散步了。他不由感叹：中国的华佗再造丸才数个疗程就能立竿见影，真是药中之王啊！

● 康复后的戈尔科夫

情系两岸，台胞访奇星

2001年4月的一天，奇星药业有限公司来了一男一女两位"不速之客"，男的年过花甲，鹤发童颜，精神矍铄；女的人到中年，慈眉善目，知书达理。经自报家门，他们是一对新婚夫妻，男士姓高，名宏政，是台湾同胞。女士乃大陆湘西人，是一位医生。高先生讲，他们在湖南办完婚事后，准备回台湾，特地来奇星看看。太太也说奇星很有名，她常给病人开华佗再造丸，这次欣然作陪，专程登门致谢。

经通报，奇星公司的领导热情地接待了他们。看着奇星的厂容、产品陈列室、荣誉室，高先生一直赞叹不已，"这就是奇星呀！果然不凡啊！"在奇星接待室里，高宏政老先生讲述了他情牵奇星的故事。

高老先生早年在台湾地区台中县的一所小学当国文教员，20世纪80年代初靠炒股和炒卖地皮掘到第一桶金后开办了一

家医院和一家宾馆，事业一直发展得比较顺利，积蓄了不少钱财。也许是老天有意作对，1992年2月的一天，高先生由于本来患有高血压，加之长期操劳过度，当天又因招待几位重要客人多饮了几杯酒，刚回到家就突然起病了。家人立刻把他送到了自己医院急救，CT检查显示脑出血（内囊出血），且出血量大于30毫升，经过本院医生的积极抢救，病情稳定后又转入台北荣民总医院继续治疗，治疗了几个月后，留下左半身瘫痪、麻木、说话不清，时常头晕、头闷痛等后遗症，回到台中继续休养治疗。

高先生说他儿子在加拿大蒙特利尔定居，1992年9月接他去加拿大住了一段时间。儿子很孝顺，带他到加拿大和美国的一些有名的大医院求治过，尽管那些外国医生应用现代医疗技术治疗了好几个月，可效果并不理想。

1993年1月，高先生又回到了台湾。他当时听一位从大陆探亲返台的同乡说那边有一种叫"华佗再造丸"的中成药，治中风很管用，就托人买了一些带回台湾再高价卖给他，也就是人们常说的"走私"。就这样，高先生服走私药一服就是两年多，经历了从能站立到慢慢拄着拐杖行走，再到基本正常行走的人生第二次学走路的全过程。高先生说他对当时自己又能正常行走时的兴奋和激动，至今还记忆犹新。他说，到目前为止还未停止服华佗再造丸，不过已不是服走私药，因为自己医院就有经转口贸易进来的华佗再造丸。

高先生临走时，奇星公司领导提出送一些华佗再造丸给他，可老人拒绝赠送，执意自己出钱买了10盒以作纪念。高先生表示，这次亲自来奇星看看，更坚定了他要把华佗再造丸介绍给更多的台湾病友的信心。

● 台胞访奇星

瑞典王后喜用安神补脑液

　　2006年7月18日，瑞典新"哥德堡"号木船再展260年前的风采，满载两国、两市人民的深厚友谊和热切希望驶抵中国广州，再一次书写"海上丝绸之路"的辉煌与传奇，同时引发两国友好往来、文化、经贸等的交流高潮，并把刚刚欢庆"横渡珠江"的广州市民推向了欢腾的沸点。

　　中瑞两国对本次复航都非常重视，瑞典国王、王后更是亲随新"哥德堡"号一起驶抵广州。新"哥德堡"号重返广州，意义非凡，不但重现了260年前这一重大的历史事件，而且本次活动也成为加强两国经贸、投资、科技、文化等诸多领域国际交流的载体。

　　次日，亲随新"哥德堡"号的瑞典国王、王后来到广州北京路"采芝林"药材商场参观访问，与王后相敬如宾的国王对神奇的中医药文化有一定的了解，当场给睡眠欠佳的王后购买

● 瑞典国王、王后随新"哥德堡"号访问广州,在采芝林
药材商店购买星群安神补脑液

了一个疗程的星群安神补脑液，并叮嘱随行的外交人员以后多带些回瑞典。瑞典国王对王后无微不至的关爱，让星群安神补脑液不经意间成了传播中医药文化和促进中瑞两国中医药贸易交流的使者，同时也让星群安神补脑液一下子声名远扬。

据悉，星群安神补脑液适用于中老年脑力劳动者，或因心理紧张引起的头晕目眩、失眠健忘、疲乏无力、记忆力下降等突出表现者有明显的疗效。据权威部门检测，星群安神补脑液中的补脑安神抗疲劳关键成分淫羊藿苷的含量高于新《国家药典》的标准规定，是同类产品中的佼佼者。该产品采用国际推荐的果葡糖浆新工艺，吸收更快、更充分，服用后无长胖之忧。研究表明，安神补脑液对神经衰弱、失眠、健忘、头晕、乏力有显著功效。

新"哥德堡"号的到来，仿佛200多年前的那次"敲门"。不同的是这一次"敲门"，通过王后的"历史性"选择，为原本很少接触中医药的瑞典人民开辟了一个认识、了解、应用中医药的良好平台，同时也为广东建设中医药强省以及广药集团星群药业等众多知名企业更好地迈出国门走向世界带来全新的机遇。

广药王老吉，"中国可口可乐"

　　2012年9月30日，正值中国传统的中秋佳节，广药集团高层一行来到96岁高龄的国医大师邓铁涛的家中探望和慰问。邓老鹤发童颜、神采奕奕，言谈之中思路清晰、逻辑严谨、语言幽默、富有哲理，频显一代国医大师的风采。

　　邓老作为当代世界著名的中医学家、广州中医药大学终身教授、博士生导师、内科专家，国家名老中医，首批享受国务院特殊津贴专家，谈起凉茶可谓如数家珍。邓老指出：王老吉是广东凉茶之中的名牌，喝王老吉凉茶更蕴含一种文化。得知广药集团要把王老吉打造成为"中国可口可乐"，邓老表示了认同和赞赏，指出：可口可乐是由一种治疗咳嗽的药物演变而成的饮料，而王老吉凉茶就是由具有清热解毒、降火祛湿的作用的药茶，演变成为岭南地区一种特有的清凉饮料，体现了"上工治未病"之妙道，在粤港澳三地深受喜爱，在世界各地

● 96岁高龄的国医大师邓铁涛欣然挥笔写下"广药王老吉 中国可口可乐"的题词

的华人中也很流行。因此，王老吉完全可以与可口可乐一样，成为世界受欢迎的饮料，成为国际上响当当的品牌。邓老当场欣然挥笔写下"广药王老吉 中国可口可乐"的题词。

随着社会的进步、生活条件的改善，现代都市人生活方式、体质也在发生变化。许多人终日坐在办公室里面对电脑，体力劳动和户外活动减少，阳气的推动功能得不到锻炼。此外，空调的使用使夏天对人体的季节性影响不如过去那么明显，人体内阳气随季节的升发乏力，造成现代人的体质以"阳

健康密码

"虚"居多。再加上进食高脂肪食物、熬夜加班、喝酒应酬，以及日益严重的环境污染，使毒素在体内积聚，带来一系列的身体问题。因此，现代人不能再承受大量寒凉食物的刺激。

由于古时气候环境、人们体质、饮食习惯与今时今日大相径庭，以前常用复方或单味土产草药煎熬而成的凉茶，药性寒凉，现代人的"阳虚体质"未必能适应。而且传统凉茶偏重祛火功能，基本上没有排毒功能，无法帮人体排出毒素。现代凉茶被改良后，性味比较平和，既能保证凉茶的本质功效，又不会过于寒凉而伤及脾胃，更加适宜现代人饮用，还可作为养生之用。

凉茶作为岭南地区一种特有的清凉饮料有着悠久的历史，随着现代人对绿色、天然保健饮品的需求日益增长，喝凉茶在全国也渐渐成为一种时尚。邓老指出：喝王老吉凉茶更蕴含一种文化，中医倡导"上工治未病"，将调养身体、防患于未然视为上乘。

广药故事
GUANGYAO GUSHI

编辑委员会

广药故事

第 **3** 辑　蓝色广药

传奇四百年　爱心满人间

GUANGYAO GUSHI
Chuanqi Sibainian Aixin Manrenjian

广药集团企业文化建设委员会　编

广东旅游出版社

中国·广州

图书在版编目（CIP）数据

　　广药故事：传奇四百年，爱心满人间．3，蓝色广药／广药集团企业文化建设委员会编．— 广州：广东旅游出版社，2016.12（2022.5 重印）

　　ISBN 978-7-5570-0640-2

　　Ⅰ．①广… Ⅱ．①广… Ⅲ．①制药工业－企业集团－企业文化－广州 Ⅳ．① F426.7

　　中国版本图书馆 CIP 数据核字（2016）第 254324 号

出 版 人：刘志松
责任编辑：林伊晴
封面设计：艾颖琛
内文设计：邓传志
责任编辑：冼志良
责任校对：李瑞苑

广药故事：传奇四百年，爱心满人间（第 3 辑 蓝色广药）
GUANGYAO GUSHI:CHUANQI SIBAINIAN,AIXIN MANRENJIAN(DI SAN JI LANSE GUANGYAO)

广东旅游出版社出版发行
（广州市荔湾区沙面北街 71 号首、二层　邮编：510130）
邮购电话：020-87348243
佛山家联印刷有限公司印刷
（佛山市南海区桂城街道三山新城科能路 10 号自编 4 号楼三层之一）
889 毫米×1194 毫米　32 开　5 印张　90 千字
2016 年 12 月第 1 版　2022 年 5 月第 3 次印刷
印数：14001-24000 套
总定价（全三册）：138.00 元

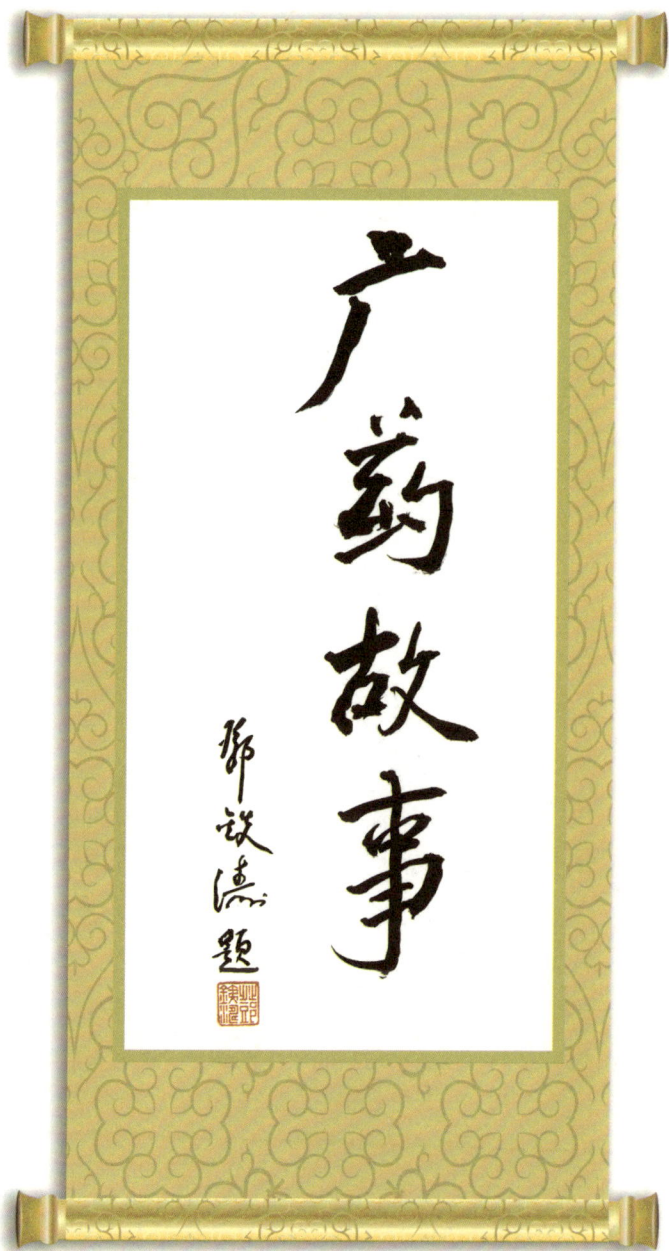

广药故事

邓铁涛 题

国医大师邓铁涛题字

序

博大精深的中医中药是中国文化的重要组成部分。中华民族得以繁衍至今,中医中药厥功至伟!从神农尝百草到黄帝传内经,从伊尹创醪醴、扁鹊著难经至汉张仲景集医术大成,后世有规可循;唐孙真人大医精诚作千金,明李时珍殚精竭虑修本草。千百年来,中医中药得以长盛不衰,除了中医人的不懈努力外,还有许许多多的医药企业作为很好的载体创新发展,而广药集团就是其中的佼佼者。广药集团旗下拥有多家百年老字号,包括"陈李济""敬修堂""潘高寿""王老吉"等,以及众多知名品牌医药企业,富有深厚的文化底蕴,其历史悠久,名方、好药众多,也有甚多值得传颂的好故事。此次,广药集团将企业的好故事整理成篇,让更多人了解其红色历史、百年老店及发展历程,这个很好。我从小在广州龙津东路长大,从前那里医馆云集、老药号众多,有很多广药集团旗下的牌子,我是非常熟悉的。

广东的中医药事业发展得很好，广药集团是个很好的品牌，也做出了突出的贡献，特别是在非典期间，在面对灾难的时候，企业仍坚持生产好药、热心公益，实属难得！

中医药是中华民族的国粹之一，随着中医药的发展被纳入国家发展战略规划，广药集团将迎来更多的机遇。

一个优秀的企业，一定是有故事的企业；一个优质的品牌，也一定是有故事的品牌。愿广药集团不断创新，不断超越，越办越好。

是为序。

国医大师　禤国维

2016 年 12 月

中国人民有爱听故事的传统，中国文化有善讲故事的传统。五千年来，故事作为一种承载文明的载体纽带，早已深深刻入中华民族的集体意识中。党的十八大以来，习近平总书记在多种场合以故事讲发展、谈励志、说警示、论情怀，并明确要求"讲好中国故事，传播好中国声音"。捧在读者诸君手中的《广药故事》，就是广药集团响应中央号召，奉献给这个伟大时代的一份心意。

　　诚然，在互联网时代开讲传统故事，需要极大的勇气。广药的勇气，源于自身高度的文化自觉和自信。广药，从故事中创始，明万历二十八年（1600年），广东医士李升佐因拾金不昧结识商人陈体全，两人合伙创出世界最长寿药厂也是广药旗下历史最早的企业——"陈李济"；广药，在故事中砥砺，历经四个多世纪的沧桑，广药旗下现有中华老字号企业12家，包括被誉为"凉茶始祖"、品牌价值高达1080亿元的"王老吉"，其中超过百年历史的有10家，再加上后

续进入广药的数十个企业和品牌，家家都有"一大箩"精彩故事，这些故事串起来，就是一棵神奇的岭南医药文明"故事树"；广药，又由故事中丰收，好的故事成为企业发展的催化剂，经过一代代听惯广药故事的员工持续奋斗，如今广药已连续多年跃居中国制药工业百强榜首，成为全球首家以中药为主业进入世界 500 强的企业。

毋庸置疑，广药好故事，是广药珍贵的传家宝，是一笔巨大的国有无形资产，每一个广药人都负有为之保值增值的义务。为此，广药集团将"讲好广药故事"视为企业文化建设的最大特色，我们除了发动公开征集故事活动，还举办员工讲故事大赛，推动好故事出书、上墙报、登报、联网。如今，广药集团人人以故事自豪，人人可讲故事，通过讲好广药故事，振奋自身，感染他人，传递爱心。故事文化，成了广药在现代企业文化之林中一道亮丽的风景线。

所谓故事，就是通过叙述的方式讲一个带有寓意的事件。广药故事曲折情节、精彩叙述的背后，都有一个鲜明的寓意——爱心满人间。读广药故事，你会强烈地感受到：广药人以"爱心满人间"为企业愿景，始终秉承"合作济世，诚实奉献，勤奋创新"的核心价值观，以"关爱生命，追求卓越"为使命，长期持续地传承、创新、超越。《广药故事》百篇，一言以蔽之，曰：传奇四百年，爱心满人间。

　　求木之长者，必固其根本；欲流之远者，必浚其泉源。广药得以传奇世间，全在其所公认的亦是独有的三大基因，一是"红色基因"，诞生于广州这片中国近代与现代革命策源地的广药，始终与"红色血脉"紧紧相连，培育了中国共产党早期领导人、广州起义的组织发动者之一、中央政治局常委兼军事部部长杨殷，孙中山卫队长李朗如，中国"双百"模范向秀丽等先辈英烈，王老吉更曾为林则徐、毛泽东等英

雄伟人除病祛疾,留下佳话;此后,广药自觉传承红色血脉,持续盛产英雄、劳模、先进基层党组织,基因所系,红旗飘扬。二是"长寿基因",广药一家拥有世界最长寿药厂、最古老凉茶、最持久过期药品回收活动等五项吉尼斯世界纪录,广药自陈李济药厂创立起,旗下超过百年历史的企业已达10家,持续屹立近500年不倒而愈发茁壮,此中奥秘,唯有长寿基因。三是"创新基因",从陈李济首创蜡丸、王老吉成"凉茶始祖",到白云山制药两口铁锅创业成全国楷模、红罐红瓶王老吉"零起步"而领跑中国,广药特有南粤"敢为天下先"的气质,旗下各企业各品牌在科技、管理、营销等多领域创新不止,不断驱动广药发展。

"三大基因"让广药恒久壮大,也为这家传奇的企业集团渲染上鲜亮的"性格色彩"——中华红、长寿绿、创新蓝。本书由广药集团企业文化建设委员会主持编著,委员会专门发起了大规模的公开征集采集故事活动，并从中精选100篇广药故事，分辑红、绿、蓝三册，对应三大基因。习近平总书记谆谆教导我们：新时期讲好中国故事尤其需要注重创新传播，要采用读者乐于接受的方式、易于理解的语言。本书的每一篇故事篇幅都不长，语言通俗晓畅，富于传统中医药和岭南地方特色，全书采用手绘配图的方式，力争让广药故事读起来赏心悦目。

本书编辑过程中，得到广药广大新老员工和关心关注广药的领导及社会贤达供稿的大力支持，由于稿件来源多、历时长，整合力度较大，本书没有为每一篇故事具体署名，而是采取集体署名的方式，体现广药人的集体传承和群众智慧。特别感谢国医大师邓铁涛于百岁期颐之年为本书题写书名，感谢国医大师禤国维为本书欣然作序，正是两位泰斗为代表的医药界前辈的亲力鼓励，让广药故事平添新的华章。

绽放四百余年，广药必将延续"爱心满人间"的传奇，不断诞生新的精彩故事，因此，我相信红绿蓝《广药故事》将会有第三版、第四版……持续编辑出版下去，版版皆不变的，是广药的一颗爱心、三大基因。

广药集团董事长、党委书记　李楚源

2016 年 12 月于广州沙面

目录

蓝 ◆ 营销创新

广尧故事

创新兴业

陈李济首创蜡丸

当今科学昌明，药品浩如烟海，包装更新换代日趋频繁，唯独我国特产的蜡壳药丸历久不衰。据中国药材公司考证，这种剂型起源于清朝初年，首创为广州陈李济老号。

广东地处岭南，自然气候潮湿，传统的中成药易发霉变，且一些香料的中药材因药性挥发而影响整体药效，并无法满足人们远足之需。陈李济的管理、技术层的人员发动员工变革，经过技术人员研究和一线人员的实践，陈李济人总结出煮蜡、串圆子、蘸蜡、鎪壳、入丸、封口、剪蒂、盖印等8道手工工序。其蜡壳是蜂蜡与木蜡混合浇铸而成的，先割成半球形，然后将丸药裹在其中，再用蜡密封，这样就可久存而不变质。

早年，这一包装改革成功推广后，在其他制药中心如北京、杭州等地制药业引发了中药生产的"包装革命"。1981年，联合国世界教科文组织曾委托北京中医药学院和北京科教制片厂，选择陈李济的蜡壳丸生产工艺拍成纪录片，向全世界推广。

● 1937年的汉民北路陈李济

在抗日战争时期,陈李济人不希望制好的药丸落入日本人的手里,便将药丸投入井水中,抗日战争胜利后,工人们从井中捞上药丸,打开一看,意外地发现药丸完好未变质。

独特的历史个性,也奠定了广药陈李济在我国制药史上的历史地位。陈李济的蜡丸一度成为"广药"的代名词。起初因工艺复杂先用于贵重药品,自动化生产之后,这套封装工艺被更为广泛采用,并延续至今。直到现在,陈李济荣获国家银质奖,畅销海内外的壮腰健肾丸等古方正药,以及国内众多驰名中成药,仍采用蜡丸剂型。

● 陈李济工人查看从井水中打捞出来的蜡丸

星群首创软胶囊

1949年的广州，疮痍满目、百废待兴。新成立的市政府号召人民恢复生产、发展经济，这为一批爱国知识分子和有抱负的中医药界人士提供了良好的机遇。

1950年3月，广州市中医药界知名人士倡议并集资组建了我国第一家中药提炼厂——广州星群中药提炼厂，厂址设在广州市十八甫路89号。参加奔走集资的中医药界人士在300人以上，时任广州中医公会主席的吴粤昌兼任董事长，张景述任总经理，徐楚生任副经理，丘晨波任厂长兼主任药师。中医药界知名人士何信泉、梁士、杨流仙、杜明昭、杜蔚文、梁乃津、邓铁涛、黄耀燊、司徒铃、罗次梅、胡济生等参与董事会或参与厂内的工作，并延揽了一批志同道合的中西医师、药师、化学师等各方面人才。在外地参加试用和推广的有肇庆的梁剑波、增城的李维纲、汕头的倪克显等，这些人后来都成为名老中医或中医界知名人士。

● 周总理会见外宾，提出中国也应该有自己的 BEMOL

当时，创业者启用"星群"作为企业名称也是颇有用意的。当年的中药炼剂是一项新兴事业，且别无分店，创业者对自己的事业信心十足，对炼剂市场前景抱有十分乐观的估量。他们预期，星群是首创的第一家中药提炼厂，日后还有第二家、第三家……星群作为名称，也有星罗棋布、遍地开花的意喻。事实上，1951 年 6 月，由汕头华新中医联合诊所的中医师发起，星群中药提炼厂汕头分厂新张开业，由广州星群厂派出技术人员协助开办，此厂即为现时的汕头制药厂。

为了配合中药剂型的改革，星群药厂开设了星群联合诊所，为实验制剂和确定疗效的基地，组织了中药剂型改革委员会，创办了《星群医药》月刊，由吴粤昌任总编辑。该刊是 1949 年以后最早刊行的中医杂志之一，为中药剂型改革事业在全中国的推动和发展起着重要作用。

短短的几年时间，星群的生产规模不断扩大，炼剂产品有单味提炼制剂 217 种，古方成药 36 种，古方成药合剂 33 种，并有数种植化药品，令星群的中药炼剂生产进入了鼎盛时期。

1970 年 6 月，周恩来总理在会见外宾时，看见他们服用一种日本 BEMOL，用于治疗心血管病。周总理虽然日理万机但时刻心系人民群众，"中国人口多，患心血管病的也不少，我们也应该有自己的 BEMOL。"周总理向客人要了一瓶 BEMOL，指示当时的燃化部和卫生部组织人员攻关，抓紧研制。在京津沪等厂家无法接受任务的情况下，当时在京参加会议的星群公司生产组组长郑尧新，征得主管部门同意后，毅然临危受命。

于是，星群公司迅速组织最强的科研力量开始研制。首先对 BEMOL 拆分，弄清楚胶皮和内容物成分；先后攻破了原料采购、胶皮配方、压制成型等难关，终于试制成功中国第一粒"脉通"（现名：复方三维亚油酸胶丸Ⅰ）。于是把样品送至北京，通过技术鉴定，功效与日本 BEMOL 基本一致。1971 年，星群首创心血管药物"脉通"成功，并建成全国第一家软胶囊生产车间，开拓了星群软胶囊生产的新局面，填补了国内空白。后来星群公司还先后研发生产益寿宁、维生素 E 胶丸、月见草油胶丸等产品，至今软胶囊仍是星群主要的产品剂型之一。

夏桑菊是这样面世的

夏桑菊颗粒作为药品，广州星群药业股份有限公司是全国首创。经过星群人精心的培育和市场的洗礼，星群夏桑菊颗粒遍布广东及华南地区，远销美加和我国港澳等地区。"星群夏桑菊，清肝兼明目，清热解疮毒"的广告早已家喻户晓。

说起夏桑菊，有一段故事。

1980年，有外商到星群参观并订购三个产品，其中一个是由桑叶、菊花做原料，名为"桑菊饮"的干糖浆。当时参与洽谈的我方技术人员提出："桑菊饮"是传统古方，除桑叶和菊花外，还有十几味中药，如果只用两味药，不能用此名称，不如多加一味夏枯草，取名"夏桑菊"。夏枯草是民间常用的清饮药材，夏天煲水饮，具有消暑降湿、利尿降压的作用，对岭南人的"热气"尤为奏效。这个建议得到大家一致赞成，"夏桑菊"就这样定下来了。外商由于经营不善，1981年底停止合作。"夏桑菊"被搁置下来。

1983 年，星群的生产经营处于低谷，领导班子动员全厂专业技术人员开发有发展潜力的品种，加快研制速度。这为夏桑菊的重生提供了机遇。星群对夏桑菊的工艺进行了修改完善，设计外包装，一切准备工作有序地进行着。1984 年初夏桑菊以保健品之名投放市场。刚开始，市场反应冷淡，医药站也只是勉为其难地订了 20 万包。孰料，奇迹出现在"夏桑菊"！

● 夏桑菊是白云山星群公司的全国首创。夏桑菊不是一种植物，夏即夏枯草，桑即冬桑叶，菊即甘菊，清肝兼明目，清热解疮毒，家喻户晓

1985 年，夏桑菊逐渐为广大消费者接受，服用方便的特点跟上了改革开放初期人们日渐紧张的生活节奏，1986 年的年产量猛增至 20500 万包，利润支柱地位开始奠定。好事多磨，随着《药品管理法》实施，国家对医药行业管理日趋规范，根据新的药政法规，药厂不能生产滋补营养品，夏桑菊要继续经营，必须转为药品。这是一道门槛，却又为夏桑菊的壮大发展提供了新的机遇。星群马上组织技术力量，对夏桑菊的工艺规程进行复核，增加质量标准，补充临床资料。经卫生局审查同意，夏桑菊于 1985 年 7 月转为准字号，正式以药品身份与消费者见面。

现在，星群夏桑菊作为广东凉茶的主要产品之一，已成功地申请了国家级非物质文化遗产保护，目前星群正与香港科技大学联手开展夏桑菊有效部位抗流感的研究。据专家介绍，经过数年科学研究结果表明，星群夏桑菊配方的有效成分具有杀灭甲型流感病毒 H3N2 亚型、高致病性禽流感病毒 H5N1 亚型和乙型流感病毒株的作用，可用于人甲型流感、乙型流感和禽流感的防治。"广药星群夏桑菊"成为我国率先获得国家知识产权局专利受理的"具有抗 H5N1 病毒、常规流感病毒"的中成药。因此，"广药星群夏桑菊"是我国第一个、也是目前唯一一个获得国家专利局授权的"具有抗 H5N1 病毒、常规流感病毒"的中成药专利产品，有望成为"中药达菲"，该项目已完成前期研究并取得显著成果。

小品种，大制作

"早在 1965 年，何济公就被确立为下乡药定点企业，药品优质低价是企业的传统，企业的许多药品利润都接近零，比如阿咖酚散如果不实行机械化自动包装并且年产量不过亿包，较难实现盈利。"白云山何济公的企业负责人讲到这些产品时介绍："而复方醋酸地塞米松乳膏、风油精等品种以目前的市场价格，如果在量上不超千万支也无钱可赚。我们是靠大规模生产来摊薄成本而实现盈利的。"这位负责人不无幽默地说，他们企业有近百个市场价格在一至二元左右的物美价廉的药品品种，完全可以开个"壹元药品店"了。

白云山何济公拥有十几个 GMP 认证剂型，尤其以外用剂型门类齐全而著称。该企业除了为目前国内生产历史最悠久、技术设备最先进、生产规模最大的止痛散剂生产企业之外，同时也是目前国内最专业的外用药生产企业。白云山何济公的膏剂产品被各界誉为"膏剂大王"，红色正金油软膏的生产历史业

● 白云山何济公企业负责人在介绍小成本制作的产品

已超过整整 80 年；膏剂诸多品种的生产条件、技术水平及生产规模等在国内均名列前茅。以"白云山"牌复方醋酸地塞米松乳膏、曲咪新乳膏以及"何济公"牌红色正金油软膏等为代表的膏剂产品为国内同类产品中的佼佼者。

即便是这样一个在零售市场一角多一包的物美价廉、很不起眼的"小品种"，在白云山何济公，重视做好质量基础工作的程度令人折服。这家企业不但进一步加大力度推进企业 GMP 管理，加强质量、标准和计量体系建设，制定和完善岗位质量规范、质量责任和考核办法，强化质量监督和科学的质量管理方法；同时，企业在类似这样的"小品种"上的科研投入也非常巨大，不但依托企业自身实力推进技术改进，而且企业依托广药集团科技大平台更强有力后盾，进一步进行技术革新和技术引进。

散剂起效就是快

　　"何济公，何济公，止痛唔使五分钟"——这是 20 世纪街头巷尾随处都可听见的一句广告语。何济公止痛退热散在 1936 年研制生产而成，由何济公品牌创始人何福庆炮制。药品本身立竿见影的疗效和何福庆的推广经营，使何济公止痛退热散一度成为何济公的拳头产品，并问鼎 20 世纪"药界明星"。何济公止痛退热散不仅在国内、甚至东南亚都有极高的知名度，为何济公品牌企业创造了长达近一个世纪的辉煌。

　　迄今为止，何济公成立已将近百年，依旧屹立不倒。探其"长青"的原因，主要是何济公人在以过往辉煌为傲的同时，不骄不躁，厚积薄发，积极应对现代医药市场的巨大竞争，尽可能贡献社会。

　　专业化是现今潮流，走尖端方能抢得市场先机，规模化是趋势，苦练内功、提升企业自身体量，造大船、造航母才能抗大风浪。以老字号何济公为主体的广药集团外用药、解热镇痛药资源重组近10年后，经过实施企业内部专业化、规模化改造，企业综合实力有了质的飞跃，体现在规模经营抵御日益激烈竞争的市场风险的能力提升。

近年来，国际医学工作者的一项医学研究数据表明，治疗偏头痛，对乙酰氨基酚与咖啡因的复方制剂疗效优于布洛芬（Headache2006,46:444），甚至美国、德国等医药专业协会将其定为一线治疗方案。从某种意义上来说，中国长期受偏头痛困扰的患者选择使用阿咖酚散治疗和缓解症状，不但是最为经济有效的一种方法，也无疑是目前世界范围内治疗偏头痛的最佳选择。追溯历史，白云山何济公阿咖酚散复方在药品说明书上确认主治偏头痛，要比最近美国与德国偏头痛学会推荐一线方案作为轻中度偏头痛和紧张型偏头痛的治疗药物的时间早了四十多年。

当今国内普药市场领域竞争进入白热化阶段。在老字号销售最大板块的解热镇痛散剂领域，有十余家中小企业共同切分这块10亿元的蛋糕。企业自2010年开始每年投入巨资，聘请明星代言为整个解热镇痛散剂宣传"散剂起效就是快"。这样做的目的就是将解热镇痛散剂这块蛋糕共同做大。只有带头努力将这种优势药品市场份额扩大，才能使得企业在这一领域赢得未来！

同时，步入高速发展轨道的白云山何济公所形成的强大合力已经从根本上带动了营销战略前所未有的全国范围内的推进，以打造中国最具实力的外用药、解热镇痛类药物专业化生产企业，动力源于厚实的市场基础。白云山何济公通过自身技术升级及加大研发投入等参与市场竞争，未来的白云山何济公将会不断推出高技术、高附加值的新产品。

● 白云山何济公请明星代言解热镇痛散剂

金戈传奇

2014年9月2日，一份看似普通的快递被送到广药集团白云山制药总厂（以下简称"白云山"）厂长朱少璇手中。这正是国家食品药品监督管理总局向"白云山"正式核发的枸橼酸西地那非原料药和片剂（俗称"伟哥"，白云山商品名"金戈"）生产批件！朱厂长小心翼翼地捧起这份凝聚着白云山人十六年心血的沉甸甸的成果，喜悦、激动、感慨一起涌上心头。白云山人十六年的坚持和努力终于成就了首个"中国伟哥"——白云山金戈的诞生！十六年磨一剑，终圆金戈梦。

20世纪90年代，白云山凭借着这种勇于创新的精神，在研发枸橼酸西地那非之路上迈出了开创性的一步。1998年，按照国内化学药一类新药的要求，白云山会同广州白云山医药科技发展有限公司组建了研发团队开始对枸橼酸西地那非的研制和申报。历经三年的研制，枸橼酸西地那非原料药和片剂于2001年3月获得国家药监局一类新药临床批件。随后在原北京大学人民医院、北大第一医院、北大第三医院、中山医科大学附属三院、大连医科大学第一附属医院开展了随机、双盲、安慰剂平行对照的多中心临床研究，结果表明白云山研制的"枸橼酸西地那非片"安全有效。2003年6月，枸橼酸西地那非原料药与片剂获得国家药监局一类新药证书，白云山摘取了金戈研发之路上第一枚甜美的果实。

正当乘着梦想的翅膀朝着目标飞翔时，白云山金戈由于原研药用途专利未到期（2014年5月到期）而无法进行生产批件的申请注册。五年的坚持，五年的心血和汗水，难道就要这样戛然止步吗？不！这不是白云山人的性格！研发之路虽然充满着荆棘，但白云山人从来不在挫折面前屈服。白云山人凭借锲而不舍的毅力和必胜的信念，重新调整了金戈研发思路，跟踪"伟哥"专利情况，进行金戈工艺改良等工作。2004—2005年期间，枸橼酸西地那非原料合成工艺发明专利《制备喜勃酮用的中间体及其制备方法》及《喜勃酮的制备方法》获得授权，走出了一条属于自己的工艺之路，摘取了金戈研发之路上又一枚果实。

从取得新药证书伊始，十年过去了，白云山人的金戈梦从未停止，十年的奋斗和坚持，十年的酸甜苦辣，在距离原研药专利到期越来越近的日子里变得似乎微不足道了。2012年4月，白云山启动了枸橼酸西地那非原料药和片剂的申报生产批件工作，由白云山制药总厂原厂长陈矛亲任项目总策划，原科研副

白云山金戈

弗里德·穆拉德

金戈
枸橼酸西地那非片
Sildenafil Citrate Tablets

50mg

GYSGYS

● 诺贝尔奖得主穆拉德博士加盟广药，再造金戈传奇

厂长朱少璇任项目总负责人。白云山人朝着梦想又迈出了关键性的一步。同年9月，广药集团以高瞻远瞩的战略性眼光和国际化视野，聘任1998年诺贝尔生理医学奖得主、"伟哥之父"、中国科学院外籍院士、广药白云山研究总院院长弗里德·穆拉德博士为博士后科研工作站的指导老师，《枸橼酸西地那非原料药及片剂的研制》项目成为穆拉德带领博士后进站的首批研究课题之一，这让白云山金戈的研发如虎添翼，插上国际化翅膀的金戈梦离成功越来越近了……在穆拉德博士的指导下，金戈项目总负责人朱少璇带领研发团队，不畏艰辛，遵循"质量源于设计"理念，按美国和欧洲标准以及国家最新、最严的标准要求开展系列一致性研究，使产品质量达到了国际质量标准要求。2013年6月，"伟哥之父"穆拉德博士专门听取了金戈项目的研制、申报情况汇报，他对项目研发质量和研发进度十分满意，并盼望金戈早日上市。

2014年9月27日，白云山在北京举行媒体沟通会，受邀来华参加国庆65周年晚宴的"伟哥之父"、白云山金戈研制指导老师、1998年生理医学诺贝尔奖获得者弗里德·穆拉德博士接受记者专访，畅谈其指导金戈研制的心得和意义。穆拉德博士在回答记者提问时谈到，他本人是一个仿制药的忠实使用者和推广者，白云山金戈品质与原研产品一致，值得信赖，而且仿制药凭借价格优势，可以造福更多的患者。同年9月30日，穆拉德博士借来广药集团履职之际，还亲自参加了金戈项目研发总结会，并特别指出原研药最初研制的枸橼酸西地那非（俗称"伟哥"）也是利用其发现的一氧化氮机理而开发的新药。

2014 年 10 月 28 日，白云山制药总厂在北京召开新闻发布会对外宣布产品正式上市，并首次公布了 5 个不同包装规格的价格，同样疗效单次用药金额比原研产品下降超过 60%。白云山金戈惊艳亮相市场，使全国抗 ED（勃起功能障碍）类药物市场不再一家独霸天下，百亿抗 ED 类药物市场大战正式打响，并最终将造福国内众多 ED 患者。

金戈 2020 年的销售量与 2014 年相比，增长了 2683 倍，成为我国药品市场一大奇迹，白云山金戈也名副其实成为国内治疗 ED 用药第一品牌。创新梦想不灭，白云山逐梦的脚步永不停歇，在专注、坚持、创新、团队四种力量的推动下，金戈传奇还将继续，白云山制药总厂将走向更为辉煌的成功之路。

"大力神"诞生记

在广州增城沿着一条曲折的山路行进，眼前会被一座山清水秀的小岛迷住，一排排的红房子倒映在水面上，风景美不胜收。那里住着两只"熊猫"犬，是长得像熊猫的可爱的犬呢？还是国宝一样珍贵的犬呢？

原来它们由广州医药研究总院有限公司牵头，联合南京大学模式动物研究所、中国科学院广州生物医药与健康研究院的科研人员，经过艰难的闯关研发出的两条基因敲除犬。雄性犬叫"Hercules"（其名字来自希腊神话大力士），雌性犬叫"天狗"。两条犬出生仅相差4天，它们却比同类的Beagle犬肌肉更发达，运动能力更强，因为它们是世界首对生长抑素基因敲除犬，是世界上首次建立的犬的基因打靶技术体系。下面一起来探秘"大力神"和"天狗"是如何过关斩将诞生的。

第一关：能不能做？

● 基因敲除犬体型明显大于同类犬

基因敲除不是你想敲就能敲。顾名思义，它就是一种遗传工程基因修饰技术，通过改造令某个感兴趣的遗传基因功能丧失，研究其对相关生命现象造成的影响，进而推测这一基因的生物学功能。具体操作上来说，就是当动物仍在受精卵阶段时，通过基因编辑工具（高大上的 CRISPR/Cas9）"敲"掉某个特殊基因，再将受精卵移植到母体，从而发育成特定基因缺失的动物，通常用来研究人类的疾病。

第二关：预实验准备

不做预实验的实验都是瞎猫碰死耗子。准备做啥？基本有这些：母犬的发情周期记录，母犬的冲胚处理，胚胎的体外成熟培养，胚胎的移植，母犬的妊娠检查。当然不同的母犬，处理也不一样，具体的问题具体分析。

第三关：胚胎的收集

秋天到了，胚胎熟了，实验室的哥哥们该把它摘下来了，但摘胚胎和摘苹果是不一样的，需要在狗狗腹部做一个手术，类似于孕妇剖宫产手术，需要一个与绣花针一样细的导管穿过输卵管的一个伞（输卵管伞）一般漂亮的地方，才能把胚胎冲出来。

第四关：基因敲除

胚胎有了，可是怎么进行基因敲除呢，可不是用剪刀把胚胎减去一个缺口，实验室的哥哥们采取 CRISPR/Cas9 介导的犬基因打靶技术。实际上就是一种基因编辑器，是细菌用以保护

① Targeting vector design

genome

vector

neo

neo

homeo

ES cells

② Selection for recombination

③ Determination of homologous recombinants

ko

wt

④ Injection into E3.5 host blastocyst

⑤ Transfer into pseudo-pregnant foster mother, birth of chimeras

⑥ Breed for germline transmission

最佳数量：
8~15个

一不小心迷路了
——扎营输卵管，导致宫外孕。

就是不乐意好好安家！
——着床失败。

环境比帝都还恶劣，臣妾没法过啊！——着床后流产。

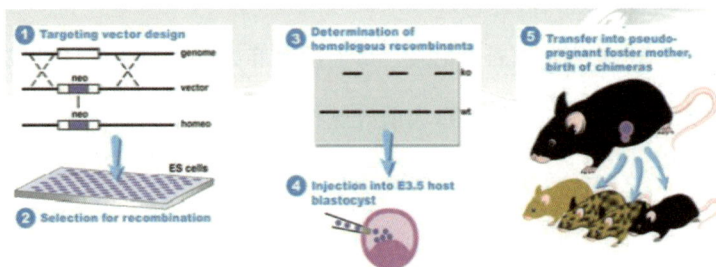

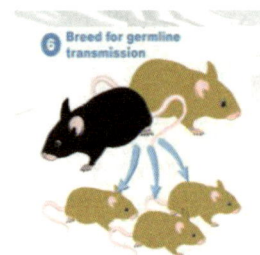

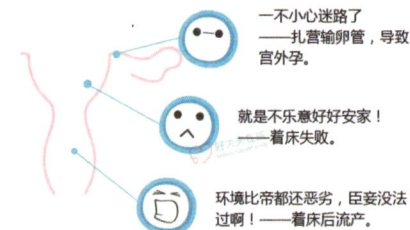

● 基因敲除过程示意图

自身对抗病毒的一个系统，也是一种对付攻击者的基因武器。当然也不排除将 CRISPR/Cas9 导入后，不需要的基因就被敲除掉了。但它效率是目前最高的。

第五关：胚胎移植

你知道吗？其实经过前面几关的攻克，基因敲除的狗狗已经做好了，就等 60 天左右的孵育就可以出壳了。狗狗胚胎们又要通过来时的路回到狗妈妈的子宫里面了，这次只是位置变了而已，到了狗妈妈的另外一侧子宫内。

第六关：妊娠

据实验室哥哥说，90% 的胚胎都壮烈牺牲在这一步了，如果狗妈妈营养状况、体质状况不好，大概只有 10% 的幸运儿能活下来。就这样经历了千辛万苦，大力神和天狗终于在上千个胚胎中中头彩诞生啦！

最后，首对基因敲除狗狗的诞生要得益于广州医药研究总院有限公司"国家犬类实验动物种子中心"提供的平台资源，应军、倪庆纯同志的辛勤付出与指导，以及实验动物中心的全体科技人员三年以来的不懈攻关。

随着人类健康研究的深入和生物医药产业的发展，低等和小型模式动物已经不能满足需求，迫切需要研究开发大型实验动物模型。据此，通过基因敲除犬只建立的各种疾病动物模型用于人类疾病、药物、干细胞研究等也将带来巨大的市场价值。

管理创新

两口大锅"闹革命"

抗生素自发明以来，一直是欧美主要国家的看家产品。直到 2000 年，这个垄断被打破，由中国人自主研发的头孢硫脒进入市场，并于 2007 年获得国家技术发明二等奖。创造这个奇迹的，是 40 年前一个用两口大锅起家的现广药旗下的白云山制药总厂。

1973 年，二十多名风华正茂的知青，进驻白云山上一间破工棚，凭着两口大锅"闹革命"，建起了一个生产穿心莲中药冲剂的车间。当时的药厂属于农场企业，条件艰苦，在很长一段时间一直处于挣扎求生的状态。

直到 1976 年，贝兆汉担任药厂的党支部书记。他看清了吃大锅饭、旧式体制的弊端，开始进行大刀阔斧的改革，并大胆提出自建销售网络。1978 年，当国有企业还在安然享受统购统销的福利时，白云山药厂已经悄然走进了市场，到全国各地跑市场、搞推销。

● 贝兆汉与厂领导班子成员及部分科技人员一起研究规划

　　一次，供销科长陈贻锋到一个市的医药公司推销产品。因为药厂当时在全国还没什么名气，该公司的医药股长无心谈下去，便离开了。陈贻锋并没有就此放弃，他跟着那位股长一直到家，发现那位股长的妻子患有精神病，家里无人照顾，用来为小孩缝制衣服的布料还放在缝纫机边上一动没动。陈贻锋见此情景，想起自己学过裁衣，便自告奋勇，埋头为股长的孩子缝制衣服，帮助股长整理家务，最后终于感动了股长并协助打开了当地市场。正是这种真心实意待客的精神，让白云山制药厂的自销产品"点连线、线连网"，一年时间便建立了 380 个销售网点，震惊业界。

　　而随后的一个举动，则更使白云山名声大噪。1982 年，为了增强消费者对白云山产品的信心，药厂在业内首次提出对所有产品实行"五包"，即在各厂家普遍承诺的"三包"之外，还包产品降价损失和药品淘汰损失！白云山制药厂在经销商和消费者中赢得了巨大声誉，产品供不应求。

　　长期持续艰苦奋斗，也是广药白云山人的核心精神。

不拘一格降人才

1976 年夏天，白云山制药厂当时只是白云山农场为安置知青而创办的一个制药车间。几间破旧的平房，三台压片机，生产单一产品"穿心莲片"。由于产品积压，濒临倒闭，当时的药厂领导人贝兆汉顶住"左"的压力，起用了本厂仅有的一名技术员苏建生当副厂长，成为中国第一个重用知识分子、"臭老九"的企业。

苏建生当年 29 岁，创办制药车间的时候，这个毕业于广东中医学院的知识分子舍得出力，后来被扣上"篡党夺权"的帽子靠边站。那时正是"反击右倾翻案风"的政治飓风到处刮的岁月，白云山居然起用一个非党员、又是"臭老九"、想"篡党夺权"的人，自然招来非议。但人逢知己倍精神，苏建生上任后很快就打开了局面。他和其他人一起研制出了"感冒清"等新药，被消费者誉为"一粒清"。

1977 年初，经人介绍，一位 20 世纪 60 年代毕业于南京药学院，当过药剂师，因一时失足受过处分，流落于街道当杂工的科技人员来到白云山。一见面，这位药剂师便和盘说出自己的过去，问白云山敢不敢用。白云山这边也干脆：敢用！国家培养个大学生不容易。人有失足，马有失蹄，犯了错误，处分过了，改了就好。有点错误便踢开不用，太可惜了。过去了就让他过去，重要的是重新开始。这位药剂师到厂后，一心扑到工作上。"感冒清"就是他和苏建生等人一起研制出来的，后来他又和人合作研制了不少新药，还为工厂筹划建立针剂车间，主持研制了七八个针剂产品。

1980 年，有人给白云山介绍了一个出身医药世家的上海科技大学毕业生。十年动乱期间，他因家庭成分是资本家，加之本人犯过别的错误，被遣送回乡。后回广州自谋生路，一直没有单位敢用他，然而，活人总要吃饭啊！他想起了在香港的亲友，就想方设法偷渡，不知逃了多少次，最后流落到番禺县一个队办小厂当工人。白云山这边觉得，像他这样生活经历坎坷的人，最容易感受到党的温暖，只要拂去他身上的尘土，是会放出光来，于是立即约见。但前后三次，他避而不见，因为尝够了被拒绝的苦头。第四次，他觉得人情难却，便抱着试试看的心情相见，一见面就说："我这个人成分不好，现实表现也差，一无是处啊！"白云山这边回答："家庭出身不由人选择，我们注重的是你现实的表现。如果你乐意来厂工作，愿意为四化建设出力，这就是好的现实表现，我们就欢迎你。"

这位知识分子压根没想到厂方会回答得这样干脆，流浪几十年的他，只求有个稳定的工作，立即表示："叫我倒屎倒尿也甘心。"

白云山把他安排到厂技术科工作，恢复了原工资待遇，还适当给予补贴。一个月后，又决定让他带几个科技人员到外地学习研究氨基酸的制作，使其大为吃惊，他大半辈子没受到过这般信任！一颗冷却的心复苏了，复合氨基酸很快研制成功。他又与广州医学院的科研人员合作，成功研制出"尿糖、尿蛋白、隐血试纸"，填补了国内空白，获广州市和广东省科技成果奖，他先后多次被评为先进工作者。1983 年，有关部门根据他过去的申请，批准他到香港定居，他却不肯走了，说："现在我有了安定的工作，能够报效祖国了，我这把骨头，要留在白云山。"

白云山敢于重用知识分子，敢于重用历史上有污点的人才！但风险亦埋于此，在一些人的词典里，这是异化，是"招降纳叛，重用坏人"，是"缺乏阶级斗争观念"。有匿名电话连连拨向上级部门，有组织人事部门专程登门调查，有公安干警为企业安全出面查询……

面对调查，白云山的回答是："是的，我们是用了几个所谓有问题的知识分子。但那些问题，多半是极'左'路线给他们加上的。就算是有些问题吧，也早作了结论。难道非叫'问题'拖他们一辈子不行？这些从逆境中走过来的知识分子，是有真本事的。我们用党的政策把他们那一颗颗冷却了的心暖热了，将他们从被闲置、被埋没的角落里请出来发挥了作用，为国家做出了贡献，有什么错呢？"

1982年，中央落实知识分子政策文件下达，白云山这个超前了5年的行为才被完全肯定。《人民日报》《光明日报》《羊城晚报》《南方日报》都发表文章赞誉这个超前行为。1983年5月12日，广东省经委在全省工交会议上提出："广州白云山制药厂在社会上广泛挖掘、招揽人才，使该厂成为全省新产品最多、产值最大、发展最快、经济效益最好的一间药厂，他们的经验值得推广。"

为有源头活水来

从白云山和黄前身白云山中药厂1988年成立之日起，高水准的产品质量保证就成为白云山品牌最重要的基石，推动全方位营销策略的展开，对产品质量永无止境的追求使白云山赢得了业内的赞赏。

"我们对白云山和黄的质量是有信心的。"白云山和黄技术总监兼质量保证部经理程永红说，这种信心源自整个生产流程对于产品质量细节的追求，在他的记忆中，2007年白云山和黄曾销毁一批约1000多件的产品，而究其原因竟然只是突然停电产生的万分之一概率的质量隐患。

而自从五级质控体系建立以来，白云山和黄人对自家产品质量的信心则更加坚定。

2006年，白云山和黄率先在全国推出五级质量保证体系，并与广州市药检所签订了质量检测保证协议，通过"五道关口"

● 白云山和黄对药品质量的严把关赢得业内外人士的赞许

来严把药品生产质量关，向全国医院同行倡议：做守法、诚信的"企业公民"。

所谓"五级质量保证体系"，即在国家规定的"三级质量保证体系"基础上，向前推进至药品的原材料生产，向后扩展到药品售后管理。

据国家相关规定，药品质量控制应当执行"企业决策层、生产操作一线、质量方针执行部门"的三级质量保证体系，即在企业决策层全面重视，在生产一线坚决执行，在质量控制部门严格把关。

然而，在李楚源看来，质量并非等同传统观念的化验监督，而是整个企业生产制造过程的成果，任何生产中的环节都是一个不可缺少的质量把关环节，只是保障一般质量安全的"基本保证"；随着市场经济的发展，药品质量保障和安全使用，除与生产环节有关外，还与原材料供应、流通等外部环境之间的关系越来越大，要让老百姓真正吃上"放心药"，还必须有更高要求的"优质保证"。

为此，白云山和黄总结多年的质量管理经验，结合近几年深入贯彻 GMP 的实践，创造性地提出五级质量保证体系的新管理理念，从而形成"企业决策层、原材料供应、生产操作一线、质量方针执行部门、药品售后服务"五级质控体系，使质量保证钢铁长城更难以被突破。

仿创结合，专利保护

　　白云山制药密切跟踪国外到期专利药信息，利用专利的地域性特点，合理利用过期、失效专利，仿制未在中国申请专利的品种，生产非专利药，获得首仿药资格。"在仿制到期专利药的同时，我们会进行工艺创新，通过对新技术的专利保护间接对产品进行保护。"朱少璇介绍，白云山制药密切跟踪原研药物"伟哥"，在该产品尚在专利保护期内，即开始开发新的制备工艺，在仿制过程中又产生了大量新的创造性成果，并成功申请了专利保护，在其专利保护到期后，第一时间成功推出第一个国产"伟哥"——金戈，顺利进行上市销售，取得了市场上的广泛认可。该产品运用了自主开发的新工艺，规避原研厂家的专利阻击，开创了典型的"仿创结合"的研发新模式。

　　"头孢硫脒"是白云山制药的拳头产品，是该公司通过"原始创新"获得的重大成果。该项目荣获2007年度国家技术发明二等奖，第十届中国专利优秀奖。2015年头孢硫脒的销售收

● "头孢硫脒"荣获 2007 年国家技术发明
二等奖及第十届中国专利优秀奖

入达到 4 亿元。白云山制药继续对"头孢硫脒"进行结构改造，开发出二代产品"me-too"新药头孢嗪脒，并成功进行了专利保护，该化合物 2010 年获得美国发明专利授权 US7,700,581，并作为候选药物入选国家科技部"十一五重大新药创制"科技重大专项。借鉴该典型案例，白云山制药将在已有的几个优势品种中，继续实施二次开发，促使产出更多的知识产权成果，让"创新大树"更加枝繁叶茂。

白云山制药还不断提高专利技术的产业化实施率，通过对专利技术的吸收、消化，最终运用到工业化生产之中。采取专利权对外许可的方式，获取经济效益。"我们会对专利权进行梳理、评估、作价，以专利权为标的开展专利运营工作。"朱少璇表示，会对企业的商标资产进行梳理，采取许可、转让、入股等方式盘活闲置的商标资源，并通过对专利、商标的运营，形成新的经济增长点。

此外，白云山制药积极将企业专利技术纳入标准当中，主导或参与标准的制定；将拥有自主知识产权产品的专利技术应用到药品标准当中，特别是"标准必要专利"，并将制定标准作为提升企业竞争力和实施创新战略的一项重要组成。

知识产权支撑研发和营销

　　白云山制药一直高度重视知识产权工作，专门设立了知识产权管理部门和配备专业管理人才，确立了"保护创新成果、促进管理运用"的知识产权工作方针，设立知识产权管理制度多达 26 项，涵盖企业知识产权管理机构、教育培训、奖励、商业秘密及竞业禁止等各个方面。

　　为了激励科技人员发明创造的积极性，激发专利管理人员对专利事业的热爱，该公司按照《广药集团技术创新奖励管理办法》，设立了科技专利奖项，其中发明专利每项一次性奖励不低于 5000 元，PCT 或国外发明专利每项一次性奖励不低于 10000 元。此外，《总厂专利管理制度》建立了企业职务发明人权益保护和奖励机制，不但规定了对发明人的奖励，而且单独设立了企业专利管理人员奖。

　　围绕"加大科技创新力量，拓展知识产权运营，提升品牌价值，使知识产权成为企业的重要战略资源和新经济增长点"的目标，白云山制药在知识产权创造、管理、运用和保护等方面形成了一系列的工作亮点和特色，同时也收获了知识产权方面的累累硕果。

作为广东省知识产权示范企业及优势企业，白云山制药的原创药品——头孢硫脒，获得了国家技术发明二等奖和中国专利优秀奖。2011年该公司又凭借优异的知识产权工作成绩，荣获了广州市首届保护知识产权市长奖唯一一个一等奖。2012年以白云山制药为主体的白云山创新中心获得国家级企业技术中心称号。2014年10月28日，该公司研发了16载的首仿药"金戈"正式上市，填补了国产"伟哥"的空白，也打破了外资企业长达13年的抗ED市场垄断。2014年11月，白云山制药的发明专利"头孢克肟分散片及其制备方法"荣获第十六届中国专利奖优秀奖。2014年，该公司首批通过知识产权管理体系审核认证，并在2015年又再次通过了监督审核认证。

在知识产权创造方面，白云山制药不断加大科技创新的投入力度，并采取有效激励措施，促进科技成果的保护与转化。截止到目前，该公司累计申请专利185项，其中发明专利89项，累计获得授权136项。

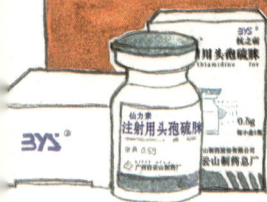

筑巢引凤引来诺贝尔奖得主

"'伟哥之父'被聘为广药研究总院院长，中药走向国际再添重量级筹码"。2012年1月10日，一条轰动性新闻出现在各大媒体的头条。"伟哥之父"穆拉德是1998年生理医学诺贝尔奖得主，在西药领域沉浸了十几年，为何会选择牵手具有中药产业背景的广药集团呢？

原来，穆拉德是典型的"中药迷"。早在20世纪80年代，穆拉德在雅培担任研发主任，一位同事的太太患乳腺癌，到香港用中药治疗很有效。中药由此引起了穆拉德的注意。1988年到1990年，穆拉德连续3年前往香港中文大学访问讲学，目睹了中医药的独特疗效，便坚定了研发现代中药的念头。

穆拉德果然不负众望。不久之后，广药集团与穆拉德的携手就结出了果实。2014年9月，首个国产"伟哥"白云山"金

广药集团聘任诺贝尔奖得主穆拉德博士为研究总院院长

戈"以及"中药伟哥"白云山"铁玛"惊艳亮相。金戈上市一年销售破 7 亿元，销量超过原研药，打破了 ED 市场被外资药企垄断的局面。

穆拉德与广药集团的合作并没有止步于此。他不仅牵头开展王老吉凉茶植物饮料国际标准研究，还与广药集团一同运用一氧化氮理论和技术，开发石榴汁等健康产品。谈及与广药未来的合作，穆拉德满怀信心："我相信，将来会有一天中药的发展能够造福全球的人类，不仅仅是中国。"

2016 年，广药聘请了第二位诺贝尔奖得主、美国物理学家乔治·斯穆特博士，作为广药可穿戴设备研究院院长。2017 年，第三位诺奖得主兰迪·谢克曼加盟广药集团，担任集团及研究总院旗下首席科学家。目前广药集团正形成一支由诺奖得主 3 人、国内院士和国医大师 20 人、博士及博士后超百人的高层次人才队伍。

沪深港三地重组载入史册

2013 年 5 月 23 日，有一条新闻将永远定格在中国证券史的长河之中：首跨海峡两岸资本市场的广药集团整体上市，重大资产重组成功，成为 A 股最大的医药类上市公司之一。然而这场资产重组并不是一蹴而就的，背后有着许多不为人知的故事。

此前，广药集团旗下拥有广州药业和白云山 A 两家上市公司。依托两家上市公司，共计拥有 30 家企业。如此复杂的企业架构，使广药集团在实际运行中总是存在同业竞争、关联交易等问题，内部资源难以很好地发挥和共享。所以，即使困难重重，重组之路也势在必行。2011 年 11 月起，两家上市公司，三家交易所，一个史无前例的跨沪、深、港三地交易所进行资产整合的案例拉开重组的大幕。

作为国内首家涉及沪、深、港三地交易所的上市公司资产整合，本次重组具有监管部门多、利益博弈复杂、协调难度大等特点。摆在广药集团面前的先是各级监管、主管部门的沟通工作，广药集团项目团队曾多次赴证监会，国务院及省、市国资委，国家商务部以及三地交易所等部门和机构沟通，共召开100多次协调会，发布300多篇交易所公告，仅准备的文件材料就达上万页之巨。同时，集团规模的整体上市也要求市场、资源、团队等诸多要素的整合协调统一，能够凝聚成为一个团结、高效的整体。而广药集团下属企业众多，资产庞大，这都为整体上市带来了极大的操作难度。而本次重组的股东大会要求更高，需同时获得各个股东大会2/3以上赞成，才能确保重组方案通过。面对如此压力，广药集团先后奔赴北京、上海、广州、深圳四地举行"一对一"路演及反向路演，并拜访50多家机构投资者。

坎坷远不止于此。"王老吉"这一价值1080亿元的品牌的纠纷，更是成了重组进程中最具影响的焦点，与竞争对手之间的竞争和诉讼受到了全国舆论及民众的热切关注。竞争对手也通过多方途径对王老吉大健康，乃至整个广药集团的发展进行阻挠。多次制造对广药王老吉和重组不利的舆论压力，甚至多次制造事端，以阻碍本次重组并影响王老吉大健康的长远发展。在面对外部重重阻力的情况下，广药集团沉着冷静、一步步脚踏实地完成与投资者的积极沟通价值推介和强势媒体宣传工作，给予竞争对手以有力的回击。

皇天不负有心人，2012年9月19日，广州药业2012年第一次临时股东大会暨A股、H股类别股东大会和白云山2012年第二次临时股东大会均以 90% 以上的赞成率顺利通过了广药集团重组预案，这意味着这场"历经坎坷"的重组"意外地"高票通过。12 月 21 日，广药集团获得证监会核准批文。

2013 年 4 月 26 日起白云山 A 终止上市。2013 年 5 月 23 日，广州药业完成换股新增股份上市，上市公司更名为"广州白云山医药集团股份有限公司"。自此，历经一年多的重大资产重组完美收官。就像广州市人民政府特发来贺信中写的那样：广药此次重组将"载入史册"。

要健康，有"穗康"

　　2020年春节，在一个看似寻常的宁静早晨，幸运的广州街坊收到了来自"穗康"快递到家的口罩。当时正值新冠疫情肆虐蔓延的非常时期，口罩、消毒水等产品在各大药店纷纷断货，各大电商平台上也瞬间被秒光，一度出现了价格持续飙涨的现象，一时之间人心惶惶……

　　为了解决市民的"口罩荒"难题，广州市在全国率先推出"穗康"网上预约购买口罩的服务，广药集团承接了具体落地工作。自1月底系统上线以来，广药集团根据民意以及疫情防控的不同阶段需求持续优化，几个月之内开展了大小优化调整近20次，平均每天处理20万个订单，多月每天工作量堪比"双十一"。一直到疫情防控取得阶段性成果，"穗康"都是广州市民购买口罩的主要渠道之一，也成了广州市抗击疫情的一张闪亮名片。

　　"穗康"口罩预约系统的诞生，仅用了短短一天，其背后是广药人坚守岗位、默默奋战的成果。2020年1月30日，接到任务后，广药集团旗下的广州医药信息团队率先进入"奋战的24小时"，克服部门多、人员节日休假等困难，通过小组协作、远程办公完成设计方案。团队不断摸索，先后攻克模式设计、数据收集和计入、信息排序等难关，在1月31日早上就把预约、中签、配货、购买等一系列流程设计出来，"边运行、边调试、边上线"，确保"穗康"小程序当天如期上线。

上线首日，"穗康"口罩系统就引起全城关注，当晚达到惊人的1.7亿次点击。随后，为减少人群"预约后到指定门店购买"所造成的聚集风险，2月1日，当广州街坊一觉醒来，"口罩免费快递到家"这一更人性化、更科学的措施马上被落实。

● 广州市在全国率先推出"穗康"网上预约购买口罩服务，广药集团承接了具体落地工作，全力以赴生产口罩

从想法到落地执行，从初具雏形到稳定运作，穗康预约系统的一段优化调整的时间轴再现了广药集团的行动力与创新力。

2020年3月7日，由广药集团生产的"壹护"口罩上市，"穗康"微信小程序的口罩总投放量再次提高，增加至每天300万个，并增加投放医用护理口罩和医用外科口罩两个品类。3月8日起，儿童口罩上线，在穗患儿监护人可以通过广药集团旗下的"广州健民医药连锁有限公司"微信公众号，为14周岁以下（含14周岁）的重症患儿预约购买重症儿童口罩。3月13日，"穗康"新增"公益"频道，上线家庭过期药品回收预约系统。成功预约的市民可将家庭过期药物免费更换为包括一个口罩及2—3款抗病毒药物在内的"大礼包"。4月22日，"穗康"微信小程序"校园专区"的"学生健康卡"试运行口罩申购服务，让初三和高三同学们返校无忧，家长放心，保证100%购买成功率。5月8日，广州初中和高中六个年级的家长或学生都可以在"穗康"微信小程序"校园专区"的"学生健康卡"中申购口罩，申购数量从此前的每人每次20个增加至每人每次50个。5月28日，在穗康小程序上选取快递到家，购买符合广州市职工医保个人账户支付范围的口罩（医用外科口罩），可选用广州职工医保个人账户线上支付。

值得一提的是，在2020年已经开展了17个年头的广药白云山"3.13家庭过期药回收活动"中，"穗康"小程序公益频道上线了家庭过期药品预约回收功能，民众在上面成功预约后，可以把家庭过期药品拿到指定的线下药店进行回收，并获取"赐您吉爱心包"（内含广药名优产品）。这一行动，为保护生态环境、守护民众健康，贡献了"穗康"力量！

每一个小功能的改变，背后都涉及算法、逻辑、数据对接等的不断完善，而这背后，不仅需要及时的舆情监控，而且需要快速的决策，紧张调度各方资源，折射的是国企的"硬核实力"。

2021年5月21日，广州疫情有复燃趋势，不久便对部分区域进行封闭、封控管理。为保障被隔离群众的用药需求，广药集团于实施封闭、封控当晚，迅速组织团队通宵奋战，5小时内便在穗康小程序上线"穗康购药"功能，迅速搭建起"线上下单，专车送药"的药品配送"绿色通道"。广药集团投入83辆医药专用配送车辆，24小时运转。超过百名"向秀丽•雷锋志愿服务突击队"成员，每天24小时轮番上阵，将居民急需的药品送到他们手中。此外，集团还发动了无人机送药，仅用50分钟就把药品从广州志愿者公园送往荔湾冲口街居民的手中。

疫情期间，广药集团以公益为上，从市民利益出发，克服重重困难，保障口罩预约购买服务的落地实施，又一次发挥"看不见的供给线"的作用。这种创新举措得到了很多城市的效仿，继广州之后，厦门、杭州、深圳等地也开始陆续启动类似方式，"穗康"成了一张闪亮的城市名片。

创新驱动腾飞之力

　　创新是引领发展的第一动力，广药集团始终坚持科技创新推动中药现代化，用现代技术探索中医药的奥秘。近年来，广药集团已获得中医药相关的国家科技进步二等奖两项、省部级奖项数十项。

　　2015年1月9日，2014年度国家科学技术奖励大会在北京人民大会堂隆重举行，由广东药学院、广州白云山和记黄埔中药有限公司等四家单位联合申报的"调肝启枢化浊法防治糖脂代谢紊乱性疾病基础与应用研究"项目荣获国家科技进步奖二等奖，而白云山脑心清片正是该获奖项目的代表性研究方药之一。

　　白云山脑心清片作为国家科技奖的代表方药，主要在糖脂代谢紊乱性疾病的第三个阶段，即心脑血管疾病防治阶段发挥作用。脑心清片是广州白云山和黄中药独家生产的国家中药保护品种，以柿叶为单一天然植物原料制成，主要用于冠心病心绞痛，脑动

● 广药集团旗下白云山和黄与王老吉药业双双荣获
"国家科学技术进步奖"二等奖

脉硬化，缺血性脑血管病的防治，于 2001 年投产上市。但由于产品的作用机制不清楚，物质基础不明确，工艺技术和质控水平不高，且未收入《中国药典》，致使产品的推广应用受到极大限制，前几年仅局限在广州、北京等数十家医院使用，受益人群少，截止到 2005 年总销售额不到 1 亿元，综合效益不佳。

2006 年白云山和黄中药与广东药学院开展合作，利用广东药学院防治糖脂代谢紊乱性疾病相关技术及平台，在调肝启枢化浊法指导下合作开展脑心清片系统性创新研究。通过研究明确了脑心清片的作用机制及药效物质基础。期间还完成了广东省经贸委批准立项的"脑心清片质量标准提高和产业化"课题，修订并

提高了脑心清片质量标准，被收载入《中国药典》2010版，开展了产品的上市后临床的有效性和安全性再评价研究，促进了临床应用和市场销售。目前脑心清片应用范围已推广到全国25个省市，超过1000家医院，受益人群超过200万。至2013年底以来，脑心清片累计新增销售额超过5亿元，新增利税超过1亿元，取得了显著的社会经济效益，也是产学研协同创新的重要成果。

此外，广药集团旗下王老吉也荣获了国家科技进步二等奖。

2017年1月9日，2016年度国家科学技术奖励大会在北京人民大会堂隆重举行，习近平、李克强等党和国家领导人出席大会并为获奖代表颁奖，王老吉药业凭借参与的"中草药DNA条形码物种鉴定体系"项目荣获国家科技进步二等奖，成为凉茶行业首家获此殊荣的品牌。

此次荣获国家科学技术进步二等奖的"DNA条形码技术鉴定体系"，是中医药原料的"亲子鉴定"技术，是由王老吉药业与中国中医科学院中药研究所所长陈士林为核心的研究团队联合完成，通过世界尖端药材鉴定DNA技术的应用，实现了对中药资源信息检索、查询以及比对鉴定。

研究团队通过对中草药及其易混伪品的DNA条形码进行实验研究，获得DNA条形码序列，并制定了"基因身份证"。而根据这些"基因身份证"数据，创建出的中草药DNA条形码生物鉴定体系，不仅突破传统鉴定方法主要依赖经验，受形态和化学特征影响的限制，还可以通过互联网和手机等多媒体信息平台实现中药资源信息检索、查询以及比对鉴定，从而在原料药上杜绝了假货，确保产品质量与疗效。

2018 年 5 月 24 日，国际权威科技杂志 *Nature*（中文译名：自然）刊登了文章《健康领域的东方先行者 王老吉践行"时尚中药"理念》（A Health Pioneer Stepped in Tradition），百年凉茶文化蕴含的实力再获世界肯定。王老吉参与的"中草药DNA 条形码物种鉴定体系"包含王老吉七味药材及其混伪品 ITS2序列 668 条，psbA-trnH 序列 356 条，总计 1024 条。*Nature* 指出，该项目实现对相关药材 DNA 条形码快速准确识别，确保了王老吉凉茶原料正宗、稳定、一致，为"时尚中药"的前提——中医药现代化，奠定坚实的科学基础。

国家科学技术奖，是国务院设立的国家科学技术奖 5 大奖项之一，旨在授予在技术研究、技术开发、技术创新、推广应用先进科学技术成果、促进高新技术产业化，以及完成重大科学技术工程、计划等过程中做出创造性贡献的中国公民和组织。广药集团的两次获奖，不仅表明了国家对广药集团兢兢业业传承中医精髓、创新中医药研究技术的高度肯定，更是代表着广药集团在中草药研究领域再攀新高峰，将有力推动全民大健康发展。

广药最萌抗疫 "特工队"

　　新冠肺炎期间，人们在与病毒作斗争的时候，一只只经过训练的比格（Beagle）犬化身检疫犬时刻待岗，坚守在最危险的国门线上，被网友称为最萌"特工队"，它们依靠敏锐的嗅觉，精准识别出游客行李箱中携带的动植物。其后，在新冠肺炎疫苗紧张研制的过程中，同样是这种比格犬，身先士卒接受药物安全性试验，为人类健康安全作出贡献。

　　在广州增城，就有这么一个比格犬的国家基地，它既是全国第一家"Beagle 检疫犬训练中心"，更作为"国家犬类实验动物资源库"入选了国家科技资源共享服务平台。资源库隶属于广药集团旗下广州医药研究总院有限公司（以下简称研究总院）。

　　如果从广州白云机场入境，你可能会看到一些身穿统一制服的可爱小狗，他们摇着尾巴，低头嗅检行李，嗅闻是否有携带禁止入境的水果及肉制品等动植物产品，这种检疫犬是由比格犬训練而成，其嗅觉灵敏度比精密仪器还要高 200 倍以上。

在广东辖区，这些体型娇小、嗅觉灵敏、性情温顺但活泼可爱的比格犬都有一个共同的家——广州白云山医药集团股份有限公司研究总院。

研究总院的比格犬饲养繁育基地位于广州市郊区水库的半岛上，基地建立于 20 世纪 80 年代初，至今已有近 40 年的发展历史，是最早从美国引入比格种犬进行饲养繁殖的基地，目前拥有核心种群已达到 500 多头，年生产比格犬 2000 头。

● 在隶属于广药集团旗下广州医药研究总院有限公司的全国第一家"Beagle 检疫犬训练中心"，一只只经过训练的比格（Beagle）犬化身检疫犬时刻待岗

比格检疫犬的训练计划则要追溯到 2000 年，研究总院利用丰富资源启动了检疫犬培训计划，2003 年首批培训成功的检疫犬成功上岗，在广州白云国际机场旅检口岸及天河广九车站国际厅执勤，得到了广泛关注。

我国海关明文规定，水果和肉制品因为容易携带病虫和病毒，属于不准携带入境的物品。2005 年，检疫犬"南南"就曾立下了大功。它通过敏锐的嗅觉，"截获"了一名游客的行李箱，行李箱中携带的鸭蛋随后被检出了禽流感病毒阳性。

据介绍，历年来，广东辖区检疫犬截获禁止进境物中，检出的外来有害生物超百种、数万批次，"神犬"们从旅客携带物、邮寄物中截获包括含禽流感病毒的禽蛋，含地中海实蝇、南瓜实蝇等危害性极大的检疫性有害生物的水果，还有我国禁止携带邮寄进境的燕窝、牛奶等。

在增城基地，超过 2000 条比格犬在这里生长、繁殖。2019 年 6 月，研究总院"国家犬类实验动物资源库"正式被纳入国家科技资源共享服务平台名单，这也是粤港澳大湾区首家国家科技资源共享服务平台。

"比格犬是 WTO 推荐的唯一实验用犬。"据研究总院董事长倪庆纯介绍，比格犬是生物医药特别是药物筛选及评价最重要的实验动物之一，相比于小白鼠这样的小型实验动物，犬在生理机理方面更接近于人类，是药物非临床评价中不可替代的实验动物。

不过，目前国外特别是美国都把比格犬种质资源作为战略资源，严格控制出口，不对外共享。实验用比格犬也由此成了创新药物研究"卡脖子"式科技战略资源。

研究总院"国家犬类实验动物资源库"作为目前经科技部批准的全国唯一的"国家犬类实验动物种子中心"，肩负起了中国犬类实验动物种质资源的保存与利用的重任，为国内实验动物繁育机构、科研院所、高校、新药研发机构提供服务。

"目前，我们为国内外新药安评与研发机构提供高质量实验犬、科研和教学用犬近 3 万头。"倪庆纯介绍。

值得一提的是，2015 年，研究总院成功构建全球首例基因敲除比格犬模型。两只比格犬被敲除了肌肉生长抑制素基因后，它们的肌肉生长发育能力增强。这项技术的突破打开了未来对犬基因组实施精准编辑的大门，为开展其他人类重大疾病，如神经疾病、心血管疾病等犬类疾病模式动物的研究奠定了重要基础。

未来研究总院还将继续整合资源，做大做强，助力粤港澳大湾区建成国内一流、国际领先的大动物资源建设与疾病模型研究高地，期待产生更多突破性科技成果，增强广州在国际科技创新领域的影响力。

技术创新

药界名宿丘晨波

　　原广州王老吉药业股份有限公司高级工程师丘晨波（1915—2008），是台湾著名爱国志士丘逢甲的侄孙。他1936年曾就读于日本东京高等师范学校，1944年毕业于中国药科大学前身的国立药学专科学校。他把毕生心血都倾注给自己深爱着的医药事业，曾任台湾苗栗药厂厂长、广东华大药厂厂长兼药师、广州星群药厂厂长兼主任药师，1975年退休。

　　1975年，正是广州中药九厂最艰难的时刻，企业产品结构单一，全是技术含量极低的药茶包，连年亏损。刚刚调任中药九厂厂长的郑尧新同志，眼光独到，马上聘请刚刚退休的丘晨波药师担任广州中药九厂技术负责人，主持科研工作。丘药师不负众望，短短五年间，研制推出慢支紫红丸、藿胆丸、痰咳净散剂三大新产品，同时改进了小儿七星茶等一批产品的剂型，从而彻底改变了中药九厂的产品结构。

● 丘晨波研制的三大新产品：慢支紫红丸、藿胆丸和痰咳净散剂

　　1977 年，丘晨波领导的科研组，在矮红合剂的基础上研制出治疗慢性支气管炎、肺气肿以及排痰镇咳的小丸新药"慢支紫红丸"；1978 年，在丘晨波的主持下，中药九厂技术人员整理医宗金鉴的古方制剂，通过改革猪胆羔的提炼工艺，研制出治疗慢性鼻炎的新药"霍胆丸"；1980 年底，丘晨波借鉴日本的止咳药物"龙角散"，并将配方加以改进，从而研制出迅速排痰镇咳的新药"痰咳净"散剂。产品一上市，由于疗效特别显著而深受消费者青睐，甚至出现了经销商抢购的壮观场景，日后更是被国内众多药厂纷纷仿制。

　　慢支紫红丸、痰咳净、霍胆丸三大产品的成功研制，使广州中药九厂在 1978 年摆脱了连年亏损的境况，实现了王老吉这一百年老字号随着祖国改革开放而振兴之路。痰咳净、霍胆丸两大产品面世至今将近四十年，仍然是王老吉药业药品的大品种，为无数国人治疗感冒咳嗽等常见疾病提供了卓有疗效的良药，并成为王老吉畅销多年而不衰的中成药支柱产品。

　　1982 年以后，丘老退休在家，但仍担任王老吉药业的技术顾问、王老吉中成药研究所名誉所长，时刻关心王老吉企业的发展，直至 2008 年离世。

源自古方的"消渴丸"

　　家有糖尿病患者的，肯定对"消渴丸"耳熟能详。它就是白云山中药一厂独家研制的拳头产品，是中西医治疗糖尿病的良药。而它的诞生也有段不寻常的"古"。

　　糖尿病旧称消渴症。在公元前400年，我国最早的医书《黄帝内经·素问》及《黄帝内经·灵枢》中都有记载。消渴丸的中药成分，主要吸收了元清两代两大治消渴病的古方。一为元代名医朱丹溪的《消渴方》，一为清代名医叶天士的《玉泉散》。这两个古方散见于史料及文摘记载，在实际日常生活中，民众多用各种不同的药材或单味中药来治疗和调理消渴病，但这两个古方在近代并没有真正的成方制药，直到20世纪70年代。

　　老一辈无产阶级革命家，曾任内务部部长、最高人民法院院长、全国政协副主席等职的谢觉哉也饱受糖尿病之苦，因得一秘方而治愈，他因之写诗一首："文园病渴几经年，久旱求泉竟及泉。辟谷尝参都试过，一丸遇到不妨千。"当这首诗被选入《十老诗选》时，谢老亲自为它写了一则注释，提到了名方"玉泉散"。

广州中药一厂技术科科长邹章，偶然间读到了谢老的这首诗，突然给了他灵感。由于当时国内已有提倡"中西"结合开发中药的号召，于是邹章在吸收了玉泉散和消渴方两个古方的基础上，结合化学药物格列本脲，研发而成中一消渴丸，并于1981年开始投放市场。

这三十余年来，消渴丸畅销不衰，在口服中成药降糖药中排名第一，占市场份额的78%，是全国最大中成药品种，2011年销售额超过6个亿，是全国销售量最大的口服降糖药品种。全国每年有数百万糖尿病患者服用消渴丸。2012年，诺贝尔奖获得者、被誉为"伟哥之父"的弗里德·穆拉德博士实地考察白云山中一时，称赞消渴丸是糖尿病人的"中药伟哥"。

众所周知，在中成药领域，产品长期以来存在一个不被西方医学承认的问题。这个问题，畅销不衰的消渴丸也同样面对。2006年，消渴丸入选国家"863计划"，由北京大学糖尿病中心牵头，联合北京、上海、广州等18家大型三甲医院开展了迄今为止样本量最大、观察时间最长、跨度最大的临床试验来评价"消渴丸"的有效性和安全性，这是首次在中国进行的糖尿病治疗大型研究，它更为重大的意义是填补了中药循证医学研究的空白。

研究结果于2013年刊登在国际顶尖学术杂志 *Plos one*（《公共科学图书馆·综合》）上，证实消渴丸确实能显著改善糖尿病相关症状，并可有效防治并发症。10月，"消渴丸的现代研究与应用"研究还荣获中华中医药学会科学技术奖一等奖，属行业最高科技荣誉。

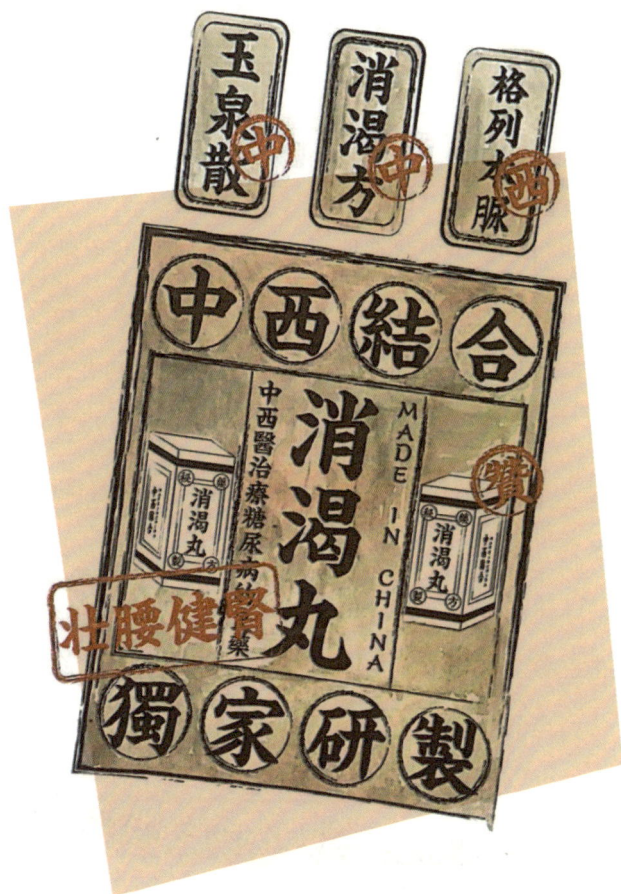

● 邹章吸收玉泉散和消渴方两个古方，结合西药格列本脲，研制成"消渴丸"

引领创新的郭兆广

作为广州白云山奇星药业有限公司起源的岐生堂开业于1875年，铺址在广州天平街（现天成路），1952年迁至大新路241号，主要是以采购本地产药材用来制作各种丸、散等中成药出售。1956年，国家对私营工商业实行社会主义改造，中成药工商业实行公私合营，岐生堂与何世昌等十三家作坊合并，正式命名为"公私合营岐生堂联合制药厂"，集中经营生产。当时产品品种较少，以大蜡丸、散剂为主，有苏合丸、七厘散、附桂理中丸等，日产量最多百余盒，产品销售以本省西北江和江西、广西等部分地区为主。当时有职工106人，技术员仅是一名中医医生，他就是郭兆广。

1956年公私合营时，第一年产值48万元，以后逐年上升。到1958年，职工人数增加至206人，产值达到216万元，比1957年增长了50%。后试图向东北市场发展，但由于蜡丸对北

● 郭兆广创新的千柏鼻炎片

方天气不适，无法发展，郭兆广积极响应工厂号召，主张调整剂型，生产小丸，一举扭转了被动的生产局面。1975年，工厂依靠工人群众，一方面从部队医院引进验方或仿效原来蜡丸的处方，进行试制；另一方面他们向有关单位学习，自己动手设计制造简单的片剂机械，经过反复试验，终于获得了成功。复方陈皮片、复方心舒宁片、板蓝根合剂片、壮腰健肾片等，就是本厂的第一代片剂产品。

片剂上马后，开发新品种是促进片剂生产发展的关键。郭兆广带领工程技术人员和老药工为核心骨干，成立了科研技术组。以开发利用华南地区丰富的草药资源为宗旨，精心研究，边试制边生产，不断总结提高，创制出一大批具有奇星药厂特色的产品。在移植产品蛇胆陈皮片、蛇胆半夏片、蛇胆南星片、板蓝根片等基础上，又投产壮腰健肾片、消炎散结片、复方感冒灵片、防治灵片、补血调经片、风湿定片等新产品。之后，又推出了一系列心血管药物，如血平片、心舒宁、毛冬青片、护心灵胶囊等。以后又不断有贯防感冒片、千柏鼻炎片、云芝片、新雪丹（片）等投放市场。

随着片剂产量逐年上升，生产工艺技术也不断得到改进，尤其是千柏鼻炎片和复方感冒灵的研制成功，投放市场后反应甚好，产品供不应求。如1981年北京市药材公司同仁堂药店来信："我单位经销你厂千柏鼻炎片，自1980年12月北京电台广播后，销售量猛增。每天早起都有不少顾客在门前等候购买。由于运输条件所限，货源时断时续，曾经出现两次争相购买的高峰。第一次是1月6日，空运36箱（5400瓶），货到商店不到10小时就销售一空；第二次是1月7日，门前围了近千人购买千柏鼻炎片。开门后，曾挤坏了三个玻璃柜台，造成营业室无法出售的情况。"片剂的产量迅速上升，成为奇星药厂的拳头产品。1984年片剂的年产量达到906吨（9.06亿片），创奇星药厂历史最高纪录，且质量稳定。千柏鼻炎片1985年荣获国家医药管理局优质产品称号。

郭兆广一直在科研技术上不断创新，随后还带领团队开发出了喉康散、健脾补血冲剂等产品，使用方便、价格低廉、疗效好，在市场上受到市民欢迎。

1981年，郭兆广被评为广州市劳动模范。在郭兆广等老一辈技术人员的开拓创新和刻苦努力下，奇星药厂生产规模不断扩大，产值和利润大幅度增长，有效地激发了工人的劳动热情，为公司日后的发展壮大奠定了坚实的基础。

中药提取的好"工匠"

1989 年，黄惠莲成为羊城药厂最年轻的中层管理人员，到今天，她早已是王老吉药业任职时间最长的中层管理人员。

1964 年出生的黄惠莲，1986 年广州医药中专毕业后，入职广州羊城药厂担任提取车间质检员。

1988 年，当时的提取车间主任突然离职，作为质检员的黄惠莲，临时代理了车间主任的管理工作，很快就显示出她的能力，受到梁志坚老厂长的嘉许，次年，被正式提拔为提取车间主任，并且在这个岗位上一干就是 17 年！

之后，她曾任质量管理部经理、制剂车间主任，2012 年至今，任生产技术中心协外制造部经理，全面负责公司厂外车间的药品及食品浓缩汁的生产管理、工艺管理和物料管理工作。

由此可见，在黄惠莲的工作履历中，绝大部分是与药材提取打交道的，30 年的时间，足以让她成为中药提取的一名"工匠"。

2014年，她为了解决小儿七星茶浸膏提取中的稻芽、薏苡仁因提取后淀粉糊化需用布袋装才能顺利出液问题，在相关部门的配合下，进行了如下的改进：①在提取罐内增加过滤装置可从罐体中心抽液，以减少堵塞滤网概率；②将提取罐底部平底抽液滤网改造为锥形抽液滤网，增加抽液面积利于抽液。通过上述措施，取得了明显的效果：①提高了生产效率，减少抽液堵塞风险；②确保抽液完全，保证产品质量；③按2014年小儿七星茶颗粒规划产量，如用布袋提取需耗费的布袋费用约为328万元，而改造两个提取罐仅耗费7.8万元，全年可节约成本321万元，而且简化操作，节省劳动力，并消除了整袋投料的安全隐患。

2013年，王老吉药业开始在安徽省亳州市建设药王谷提取车间，使之成为用膜浓缩工艺生产凉茶浓缩汁的生产基地。在公司各部门的共同努力下，药王谷提取车间2014年完成试产，2015年全面投入使用，全年共生产食品工业用凉茶浓缩汁2971.9吨，合计345批，满足了凉茶生产的需求。2015年，公司以药王谷提取车间为试点，把浓缩汁新工艺应用作为年度公司的重点项目，通过工艺改革提收率降成本。为了提高浓缩汁的收率，提高生产效率，降低浓缩汁的浊度，提高质量，黄惠莲和她的团队对工艺进行了如下改善：①把仙草切成 5 厘米左右；②把批量从 6727.5kg/ 批提高至 7500kg/ 批；③改造抽液系统，增加双联过滤器；④降低提取温度，一浸温度从 87℃～93℃ 降到 87℃～91℃；⑤控制碟分速度 4000 升 / 小时以下。药王谷提取车间通过应用新工艺，其生产的凉茶浓缩汁平均收率提升为 19.46%、生产虫草饮所用吨药材的平均收率为 48.91%。该重点项目全年为公司节约成本 4732 万元，毫无争议地被评为年度重点项目一等奖，黄惠莲本人也获得公司 2015 年度突出贡献一等奖。

上述内容仅是黄惠莲近年在提取工艺改革中所做出成绩的两个事例。除此之外，她主管协外制造部的全面管理工作以来，在提高星洲车间小儿七星茶浸膏产能、完成酒酊剂车间 GMP 认证、新峰新厂试产和验证筹建连平膜浓缩提取车间等方面，都做了大量的工作，充分提高了王老吉药品和食品的产能，有效地保障了市场的需要。由于她的突出贡献，2012 年和 2016 年，两度被评为广药集团先进生产工作者。

当今社会心浮气躁，追求"短、平、快"（投资少、周期短、见效快）带来的即时利益，从而忽略了产品的品质灵魂，粗制滥造的山寨产品层出不穷，使得中国的产品和服务饱受了低质、低价、低端的诟病，所以亟须提倡"工匠精神"打磨出高质量的产品，提升"中国制造"的整体形象。在黄惠莲身上，我们看到了她三十年如一日，对中药提取工艺不

● 黄惠莲 2012 年、2016 年两度被评为广药集团先进生产工作者

断创新、追求卓越的工匠精神，广药和王老吉正是拥有
了一大批像黄惠莲一样忠诚于企业、默默奉献的骨干员
工，才能在激烈的市场竞争风雨中屹立不倒，并且不断
发展壮大。

生产自动化改造领跑人

　　黄沃文同志 1985 年 4 月 1 日加入中国共产党。1988 年来到广州王老吉药业股份有限公司工作，至 2004 年 7 月退休。

　　1988 年黄沃文怀着一名技术人员的满腔抱负来到了王老吉药业。在当时技术条件较差、存在着诸多困难的情况下，他毅然发起成立技术革新小组，带领一帮技术人员深入车间一线，研究设备性能，开展以提高产品质量和经济效益为目标的群众性技术革新活动。为此，他不分上班下班、不计报酬高低，直至 2004 年退休为止，16 年如一日，奋战在生产、设备一线。为了提高公司的生产效率、降低工人的劳动强度，20 世纪 90 年代初，王老吉药业从天津购回了 7 台保济丸机械包装机，测试后不合用，又从台湾购回 8 台包装机也派不上用场，最后只好从日本引进了一台又笨重、又十分娇气、需要四个人操作的"庞然大物"。日本引进的丸剂包装机不能说它技术上不先进，

● 黄沃文领导技术革新小组进行包装机的技术改良

但产能和效率都较低，产量远远不能满足市场需要，而且国产包装品很难上机操作。黄沃文同志看在眼里、急在心上，为了解决这一难题，他饭不思、茶不想，带领他的技术革新小组，一头扎进了丸剂包装机的技术改良当中！

与许许多多王老吉公司的"开荒牛"、老前辈一样，黄沃文同志与王老吉的强企之路结下了深深的缘分：

为了解决保济丸包装生产自动化，黄沃文同志从 2000 年开始利用业余时间自行设计制造国内首台丸剂自动包装机。经过不懈的努力，技术革新小组终于在 2002 年研制成功微电脑控制、机电一体化的丸剂包装机。该机生产效率为引进的日本包装机的四倍，比手工操作效率高出 6 倍多，价格却仅为日本机的十分之一。当年复制了 20 台在丸剂车间全面推广应用，制造费用仅用了 46 万元，而购买同样功能的包装机至少需要 1050 万元，仅购机费就为企业节省了一千多万元。而且黄沃文他们研制的包装机占地面积小、噪音低，对包装品的适应能力强，一个人可同时操纵 2 台机，按当年的产量，每年可节约工时费用 46 万元，生产成本大幅度下降；同时该机包装质量好，装量准确，无污染，损耗低。诸多优势为王老吉药业 2003 年顺利通过国家 GMP 认证立下了一大功。

黄沃文与他的技改小组硕果累累，除了研制成功丸剂自动包装机外，还先后研制成功痰咳净散的定量计量器、痰咳净内盖自动压盖机、颗粒欠温保护装置、藿胆丸入丸装置及自动控制送瓶装置等等，为企业节省了大笔的设备购置费用，产生了巨大的经济效益。

然而，在荣誉面前，他没有因此而居功自傲，他又带领他的团队，以新的姿态致力于各产品剂型的生产联动线设计，全力以赴推进企业的生产自动化改造，为中药生产现代化再立新功。

黄沃文同志是王老吉迈入新时代的领跑者，以他对工作的满腔热忱和敬业精神，对技术进步的专注，不甘人后、勇于进取，不为高薪聘请所动的高尚品格，为广大员工树立了一个共产党员的榜样。

做好凉茶文化遗产的传承人

　　郑荣波同志于 1990 年 7 月在中山大学研究生毕业并取得硕士学位后，来到广州王老吉药业股份有限公司（当时为广州羊城药厂）工作，这也是王老吉公司有史以来招聘到的首位硕士研究生，特定的历史环境，加上他本人顽强的努力和坚守，铸造了他今天事业上的辉煌成就。

　　郑荣波入职王老吉以后，在中药科研这个专业上充分发挥了特长，一步一个脚印，从研究所科研员做起，历任生产部副经理、研究所所长、品质部经理、副总工程师、总工程师、公司副总经理。2005 年王老吉药业合资后，郑荣波先后担任生产技术中心总经理、公司人事行政中心总经理等职务，还兼任了广药集团大健康产业办公室的副主任，今年 1 月又成为广州王老吉大健康研究院副院长。

郑荣波在事业上一路向上的背后，是他在王老吉公司负责公司研发和技术改造工作多年来所取得的成就。仅在"十二五"期间，他作为项目负责人或主要参与人员，就承担了国家科技部项目2项、国家工信部科技项目1项、粤港关键领域重点突破项目3项、省科技攻关项目5项、广州市级科技计划项目4项；获得药品生产批文6件、临床研究批件1项、中药保护品种证书2项、食品批件52项；获得发明专利28项……

从20世纪90年代起，王老吉药业就开始了对王老吉凉茶的现代研究，郑荣波主持了王老吉凉茶的科技平台科研工作，该平台十多年来先后获得了广州市凉茶重点工程技术研究中心、广东省凉茶工程技术研究中心、广州市王老吉凉茶研究院、广东省名优中成药和凉茶企业重点实验室等诸多的命名和荣誉称号。仅在王老吉凉茶所开展的实质性研究方面，就包括了：①王老吉凉茶毒理（安全性）研究；②原料药材基因条形码研究；③对小鼠流感病毒易感性影响及作用机理研究；④与诺贝尔奖获得者穆拉德博士合作开展王老吉凉茶作用机理研究和国际标准研究；⑤凉茶主要活性成分与指纹图谱研究；⑥凉茶行业标准研究；⑦凉茶新产品开发研究……

由于王老吉药业在对百年品牌传承创新方面所付出的不懈努力，2006年5月26日，凉茶被国务院批准公布为国家级非物质文化遗产，郑荣波代表王老吉接受了由广东省食品（饮食）文化遗产工作领导小组颁发的国家级非物质文化遗产证书。

证书

命名郑荣波 为广东省省级非物质文化遗产项目凉茶的代表性传承人。

广东省文化厅
二〇一二年十一月

● 郑荣波成为广东省省级非物质文化遗产项目凉茶的代表性传承人

2012 年 12 月，担任王老吉药业公司副总裁的郑荣波被广东省文化厅命名为"广东省省级非物质文化遗产项目凉茶的代表性传承人"，这也意味着，郑荣波是王老吉凉茶自 1828 年由王泽邦先生创制之后，一百多年延续下来的第六代传承人。

今天的王老吉早已畅销全国，并逐步走向世界，是中国凉茶品类唯一获得"全球历史最悠久的凉茶品牌"吉尼斯世界纪录和"凉茶品牌始祖"认证品牌的企业。对于中国消费者来说，有着 190 多年历史的王老吉，不单单是一种饮料，就像可口可乐代表美国饮食文化一样，王老吉凉茶也已经成为中国民族饮料的代表作之一，"有华人的地方就有王老吉"。这一切辉煌的背后，是一代又一代王老吉人持续不断的传承与创新。郑荣波，是他们当中比较出色的一位。

院士领衔灵芝孢子油研究

灵芝是大家耳熟能详的名贵中药材，历史上关于灵芝的传说与诗歌不胜枚举。汉乐府民歌《长歌行》中记载：

仙人骑白鹿，发短耳何长！

导我上泰华，揽芝获赤幢。

来到主人门，奉药一玉箱。

主人服此药，身体日康强。

发白复又黑，延年寿命长。

民歌赞颂了灵芝延年益寿、强身健体的神效，灵芝也往往被民间奉为仙药。家喻户晓的神话故事《白蛇传》中，端午节喝下雄黄酒的白娘子现出原形吓死了丈夫许仙，为了救夫君的性命，白娘子只身前往峨眉山求取灵芝仙草。一路历尽艰险，还差点被守护灵芝的仙鹤杀掉，终于感动了南极仙翁，赐予她能"起死回生"的仙草灵芝。这个忠贞不渝的爱情故事被改编成小说、电影、电视等广为流传。

广药集团汉方公司出品的"广药牌灵芝孢子油软胶囊"是国内迄今为止功效成分含量最集中、纯度最高的灵芝产品，能明显提高人体对灵芝功效成分的吸收率、利用率，充分发挥灵芝抗肿瘤、镇静、强心、调节血脂、降血糖、平喘、保

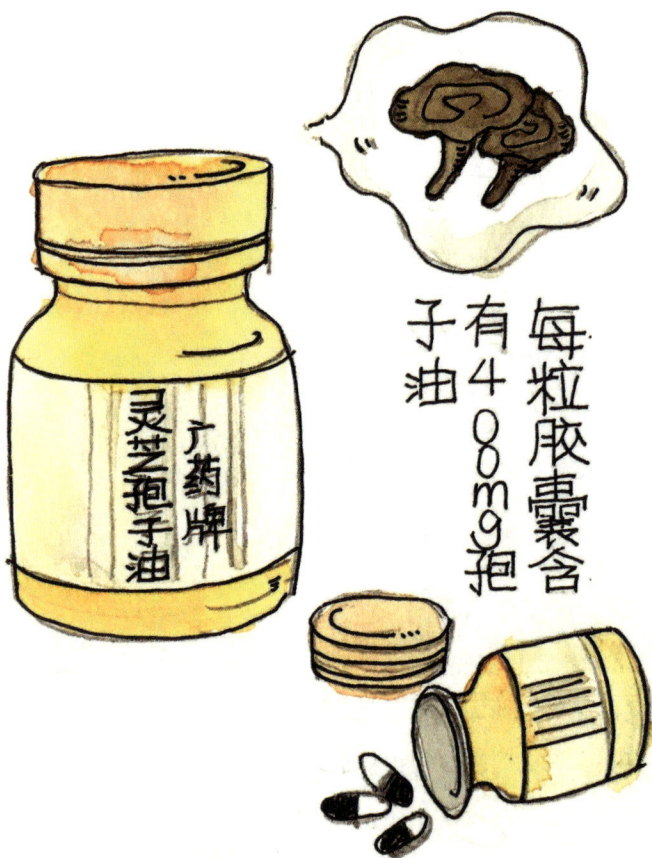

广药牌灵芝孢子油

每粒胶囊含有400mg孢子油

● 国内迄今为止功效成分含量最集中、纯度最高的灵芝产品

肝、抗缺氧和抗衰老等药理作用，达到临床治疗的效果，也可作为延年益寿、日常保健的佳品。

2016 年 3 月 9 日，广药白云山聘任中国肿瘤内科学创始人孙燕院士为首席科学家，与国家抗肿瘤药临床试验研究中心达成合作，由孙燕院士领衔科研团队，对广药白云山广药牌灵芝孢子油软胶囊开展多中心、大样本肿瘤免疫临床医学研究，拿出可靠的研究证据，证明灵芝孢子油在肿瘤治疗过程中提升肿瘤患者免疫力，扶正固本减毒增效，显著提升肿瘤患者生活质量的发挥的重大作用，这对灵芝孢子油应用在肿瘤免疫治疗中具有至关重要的核心意义。

中国工程院孙燕院士是中国临床肿瘤领域的著名专家，我国肿瘤内科学奠基人、开创者和学科带头人，他将中医学"扶正固本"的治疗法则与现代临床免疫学相结合，在中医肿瘤免疫治疗领域取得了巨大的成就，做出了卓越贡献。

营销创新

何济公的创新营销

　　"何济公"品牌创建于1938年。创始人何福庆（1909—1974），于1938年在广州"河南"（海珠区）鹤洲直街积善里开何济公药行并创立"何济公"商标。

　　何福庆在商业眼光上的独到之处最突出的方面就是重视医药广告。不但重视医药广告方面的投入，也重视广告投入的技巧。他曾说："我卖田卖地都要卖（做）广告。"何福庆不但将过去能买几十亩地的积蓄拿出来做广告，甚至连仅有的二亩祖田都卖掉用来做广告。为了做广告，他开设了五大办事处，广招一、二、三等广告推销员，重金聘用"出江"领班五大员，分区划片包干广告推销业务。何福庆本人除亲力亲为做广告外，有时还跟踪追击，明察暗访做广告的效果，同时大摆筵席慰劳推销员。

　　"何济公"过去做广告，形式多样并不断翻新花样，如用报纸宣传、贴街招、写墙壁、放电影、"邮办"广告推销、挂广告布幕、穿"济公"戏服敲锣打鼓、扛彩旗随街游行等。其广告手法也屡出奇招，许多广告的创意可以载入今天广告教科书的经典。其中，1946 年何济公在武汉《新湖北日报》刊登"广东飞来何济公"的案例以及"墟镇墙灰水广告的最佳位置在正对厕所窗口"的"论断"，足以作为经典载入今天的营销学教科书。

● 何济公重视广告，用多样形式创新营销

何福庆先生在医药广告方面有三个特点：

一是对于报纸广告采用先声夺人的手法。1946年的一天，汉口《新湖北日报》在头版显要位置登出一幅"广东飞来何济公"的广告，搅得达官贵人神色慌张，平民百姓则莫名其妙；第二天又登出"止痛唔使（不用）五分钟"的广告字样，使人更加莫名其妙；到第三天才解释悬念，详细说明"灭痛星——止痛散"是经留学美国的医药博士发明，由广东何济公药行制造，在国内外行销，刚用飞机运到等等。为此，轰动了武汉三镇。

二是对于最普通的墙壁灰水广告，究竟应写在哪里也大加斟酌。何福庆提出，最好的地方是写在正对厕所的窗口，使如厕者都能看到。

三是起用穷学生来做广告。一次，有个中学生因无钱读书，停学来厂求职，何福庆知道缘由后，问那个学生是否仍想继续读书，那位学生讲很想。何福庆就叫他白天上学，夜晚为药行做3小时的马路广告。于是乎，街头巷尾、马路闹市就每晚听到了"何济公，何济公，止痛唔使五分钟""发烧发热唔使怕，何济公止痛散顶呱呱"的清脆儿歌，宣传效果甚佳。

川贝枇杷口碑传

1949 年以前，由于潘高寿川贝枇杷露畅销，不少药铺、药行也纷纷仿制生产，在商业化社会的香港更是如此。为此，潘郁生曾在香港与诚济堂打了一场官司。事情的起因是，诚济堂药行在推出川贝枇杷露的同时，在香港的各大报纸上刊登川贝枇杷露广告。潘郁生一向认为川贝枇杷露是自己独家首创，别人无权仿制，见到现在居然有人仿效生产，而且还大做广告、广为宣传，便十分气愤。于是以"一二三四五六七，忠孝仁爱礼义廉"为题，在报章上撰文讽喻诚济堂"忘八"（王八）和"无耻"，喻指其川贝露是冒牌货。诚济堂的人见到文章后，仗着他们早有准备：诚济堂的川贝枇杷露已在香港政府注册备案，于是就到法院状告潘郁生，法院判潘郁生以影射他人冒牌而败

诉。

　　感受到因没有"专利"及"知识产权"的意识而吃亏的切肤之痛，潘郁生想出了一个主意：在川贝枇杷露每一瓶的外包装盒上，除了印上潘高寿的创始人及作为川贝枇杷露创制人——自己画像之外，还在两边以对联的形式印有"劝人莫冒潘高寿，留些善果子孙收"的字句以警醒世人。此举确实收到了一定的效果，仿冒潘高寿川贝枇杷露的事件就大大减少了。直到21世纪的今天，在香港及境外行销的"潘高寿"川贝枇

● 潘高寿创始人潘郁生

杷露仍然沿用这个包装。

20世纪30年代，德国某厂出品名为"赫利西佛"的止咳药也进入了中国市场，在华南一带拥有了相当广的市场。同时，由于"潘高寿川贝枇杷露"疗效确切，而且价廉物美，口碑甚好，销量极佳，"赫利西佛"在华南的代理商看在眼里，急在心上。

为了扩大"赫利西佛"的影响力，与潘高寿争占市场份额，他们不惜投入重金开展宣传攻势，除了不断推出广告外，又煞费苦心地将潘高寿著名产品川贝枇杷露的主要成分川贝、枇杷的谐音串拼为联，在报纸上刊登所谓征联启事，上联曰："穿背琵琶，焉能弹高调？"矛头直指潘高寿的川贝枇杷露。

面对"洋品牌"的挑衅，潘高寿族人也不甘示弱，很快就做出了反应，司理潘郁生不惜斥资，以高额稿酬聘请高手，在同一报章投稿应征，针锋相对地对出下联："黑脷史弗，哪得有良心！"同是用品牌名称的谐音应对——"黑脷史弗"（"脷"是粤语"舌头"之意，"史弗"与粤语中的"屁股"相谐）。征联一经刊出，读者哗然。人们都认为对出的下联诙谐幽默，揶揄之中透着睿智。"洋品牌"恶意征联的挑衅行为弄巧反拙，一时在坊间被传为笑柄，品牌形象在广大市民心目中大打折扣。潘高寿则赢得了更多老百姓的信赖和拥戴，川贝枇杷露的销量有增无减。

基层医疗"轻骑队"

　　20世纪60年代，为缓解广州地区广大农村缺医少药的情况，广州医药组织了一支别有特色的"轻骑队"送药下田间，上地头，指导农民正确用药。轻骑队在下乡工作中，不畏艰难险阻深入到每一个大队。如从化县良口公社一个大队离镇45公里，当地农民到墟镇来回要两天，山路崎岖，自行车也不能骑，"轻骑队"队员就带上背包干粮和成药跋山涉水，沿途没有路标也碰不到人，队员只好沿着电话线路走，从早上6点多一直走到下午5点才到达。据不完全统计，轻骑队先后40多人次、5次巡回下乡，登门访问了300多个基层医疗单位，平均每日设摊宣传28次，提供价值8万多元的药品、器械共400多种，及时解决农村用药需要等。1965年9月《羊城晚报》头版头条以"送药下乡情义重——记广州市医药公司成药下乡轻骑队的活动"为题，对广州医药的工作给予了高度评价。

时光流转，广州医药送药下乡从轻骑队到基层医疗组，都受到了媒体的高度关注和好评。2012年5月21日《羊城晚报》以广州医药广东省医院销售部基层医疗组为原型大篇幅报道了广州医药公司基药配送情况，刊登《一年绕地球卅圈送药到乡镇医院》的报道。

基层医疗组何锦坤常会想象这么一个情景：在公司创业之初，前辈们肩挑手抬、充满激情的拼搏身影，以"艰苦创业"的精神不断勉励自己，在基层医疗的工作中一"跑"近三年。在开发英德市基层医院业务时，何锦坤选定了位置偏远、规模小的清远英德大洞镇卫生院为突破口，本以为应该相当欢迎广州医药公司参与配送的这家卫生院，竟然即刻把小何轰出来了，一口回绝说："你们供不了货！"

小何并未放弃，反反复复去了5次，终于在第5次拜访时喝上了院长泡的茶。原来当地最大的医药公司也要求达5万元配药才予以送货，卫生院只能自己开车去市区取货，这也直接导致院长对广州医药公司这个外来公司的不信任。小何当下向院长承诺广州医药公司一分钱药品都会送，院长哈哈大笑说不可能，没有公司会做亏本生意。一再争取下，院长下了300元的普药单，小何查询库存后承诺第二天即可送达。次日上午十点小何就接到了院长的表扬电话。此后，该院长和当地卫生局大力肯定了广州医药公司的药品配送服务和质量，为广州医药公司打开了当地的基层医院市场。

　　这是开拓基层医疗网络的一个普通例子。不管哪个时代，艰苦创业于广州医药而言，是一种艰苦奋斗、不怕牺牲、排除万难的精神，是一种时刻居安思危、奋勇求进的精神，更是为社会、为百姓创造安全便捷用药环境的高度责任。

● 广药轻骑队徒步下乡送药

白云山奇星
共建中国女足二十载

　　1988 年 1 月 7 日，广州远洋宾馆的风帆厅，中国足协正式与广州奇星药厂（即今广州白云山奇星药业有限公司）签下了共建中国女足的协议书。当时的中国足协主席年维泗与奇星药厂厂长朱柏华代表双方在协议书上郑重签名并互换文本，奇星药业与中国女足从此拉开了"共建"的序幕，也是中国体育发展进程中一个具有标志意义的里程碑。

　　当时，由领队韩重德、教练丛者余及商瑞华率领的中国女足，在国内体育界真可谓乏人关注，球队正处在相当困难的时期。1987 年 9 月，经热心人的引荐，中国女足领队韩重德首次正式向奇星药厂提出了合作建设中国女足的意向。这样的事情在当时可是头一遭，大家对此并不看好。朱柏华认为：女足运动虽不如男足火爆，但中国女足起点较高，走向世界指日可待，

前途将是一片光明。此外，在中国女足正欲腾飞之时，给中国女足以最有力的经济支持是奇星药厂的愿望，也是奇星支持中国体育事业发展的最好行动。

中国足协与奇星药业共建中国女足对中国女子足球运动的发展起到了积极的作用，中国女足随后不断在世界大赛中取得优异的成绩。中国女足从 1989 年起在亚洲杯赛上夺得"三连冠"，

● 奇星药业与中国女足合作

在世界杯、奥运会上夺得亚军，并多次在世界大赛上取得优异成绩，而公司也取得了较大发展，可谓"比翼齐飞"。这种社会办体育模式被称为"奇星模式"，荣获国务院授予"中华之最"称号。

世界足球小姐孙雯说过："奇星与中国女足合作共建，这是任何企业都无法与奇星相比的。奇星总是在背后默默地支持我们，比赛时为我们加油助威，积极与我们开展各种活动，甚至订机票这类小事他们都记得为我们处理……这是一种精神，一种感情。"女足名将、"阿猫"赵利红也说："奇星对我们来说已经不是一个简单的企业名称，在我们心目中它是一个家。"

20年春风秋雨，20载花开花落，"星""球"结缘也成为一段令人称道的佳话。

● 中国女足"回娘家"

● 2006年1月，中国女足与奇星共同开展"铿锵玫瑰共和谐，
奇星爱心耀羊城"大型公益活动

"四个三" 营销工程

300 人的终端营销队伍，300 家代理商，3000 家网络医院，30000 家药店铺货点。早在合资之前，白云山中药厂就创造性地建立"四个三"营销工程，建立起营销的渠道基础。

渠道是利益的链条，也是联系厂家、代理商和客户的唯一通道。在通过健全生产制度和加大科技投入拉长营销组合的质量长板之后，如何将高质量中医药传送给消费者，变成人民大众的实际福利，这是关系到中医药企业整体营销成败的关键问题。

"当前中国医药市场发展的趋势，无论是工业还是商业，销售都进一步集中并趋向于寡头化。在这种形势下，企业在各个区域市场上都希望选择当地规模最大、最有实力的经销商合作"，白云山和黄总经理李楚源指出，白云山和黄之所以能够通过不断成功的营销战略脱颖而出，渠道的利益分配是确保整体营销顺利展开的关键。

　　"其实很简单:一个是聚焦,一个是和谐。"李楚源说,白云山和黄从 2007 年开始对营销组合的渠道要素加大对分销通路的资源整合与管理,根据科学统计对货品、服务等资源做出合理分配。

　　其中之一就是聚焦战略,"集中 80% 的资源投给 20% 的客户,完成 80% 的销量"。白云山和黄在各省区结合当地市场情况,划分重点发展区域,扶持重点增长产品的计划,将广告、终端和销售集中起来,创造销量的增长。

● 板蓝根颗粒与复方丹参片

现在，白云山和黄进一步将聚焦与和谐的战略升级成为渠道规范，根据公司对各渠道销售终端上月某产品的销售量统计制订下月发货额度，做到了整体营销的科学性与计划性，从根源杜绝药品的渠道滞留，确保最佳药效的产品及时到达消费者手中，造福百姓健康。

在整个渠道中，白云山和黄配合以科学的产品组合促进渠道效益提高。

经过几年精心培植，白云山和黄板蓝根占据全国六成市场份额，白云山复方丹参片市场占有率也超六成。二者单品种年销售额均超 10 亿元。

中药牵手足球

"中药与足球，乍一听好像风马牛不相及，但二者却有着极深的历史渊源和密切关系，'中药足球'更有着丰富的内涵与深厚的文化底蕴，且不乏对中国足球发展的具体指导作用。"在 2009 年 2 月，广药集团营销俱乐部第十期沙龙活动暨分会启动仪式上，彼时新任广药足球俱乐部董事长的广药集团副总经理兼白云山和记黄埔中药有限公司总经理李楚源向大家展示了一个与中药一样，拥有最古老历史的足球——"蹴鞠"。历史和现实两条主线相互交融，李楚源深入浅出地诠释了中药与足球之间内在联系，让与会者醍醐灌顶。

李楚源率领下的广药创造性地提出，指南针、造纸术、活字印刷术和火药是中国古代的四大发明，中药和足球其实有理由并列成为中国古代的第五大发明。中药大多来自自然界的植物、动物、矿物，属天然药物，根据阴阳五行、脏腑气血等中医学理论，根据中医学的"四气"（寒、凉、温、热）、"五味"（辛、甘、酸、苦、咸）归类，以君臣佐使"配伍"（相互搭配组成队伍）成方，达到"扶正祛邪、平衡阴阳、调整脏腑功能、调节气血精津"从而更好治病强身的目的。而运动保健是医疗保健方式中不可或缺的一环，"动则不衰"是中医养生、健身的传统观点，现代医学同样认为生命在于运动。法国医生蒂索曾表示："运动就其作用来说，几乎可以替代任何药物，但一切药品并不能代替运动的作用。"被称为"世界第一运动"的足球，不但可以提高身体新陈代谢，使各器官充满活力，推

故事

迟衰老的过程，尤其是对心血管、呼吸、骨骼等系统更为有益。

如今"中药足球"理念的提出，不仅是中药与足球两大学科交叉、渗透、融合、创新的结果，更有着深厚的历史底蕴和前瞻性的现实意义。"中国特色的运动医学体系是古已有之，延缓疲劳的发生和促进疲劳的恢复一直是运动医学研究的重点，这正是中医院的强项所在。"而在李楚源的构想中，不但可以以"中药足球"反哺产业，还可以以"足球中药"调补中国足球——足球运动的对抗凶猛、强体力消耗及中国人的体质特点决定了对"足球中药"的强大追求。

在确定了以"中药足球、足球中药"为足球与主业相互促进、共同发展的主轴之后，李楚源充分利用了足球这一世界第一体育运动所独具的影响涉及面大、传播力感染力强、群众参与热情度高、最能体现勇敢拼搏奋发向上精神的特点，让广药的主业理念和足球特点成功结盟，实现了公益营销和体育营销定位、联想、认同、推广、传播全过程的无缝对接。

2009 年 3 月，广州医药白云山足球队在广州中医药文化普及基地"神农草堂"举行中超 2009 赛季出征誓师大会，广药足球俱乐部董事长李楚源与广州市体育局局长刘江南共同向中药始祖炎帝敬献花篮，广药白云山足球队全体将士则人手一枝黄菊，拜祭了蹴鞠创始人黄帝，将"中药足球"深厚的文化底蕴首先植入队员心中。

同样在 2009 年 3 月，"中药足球"与河南建业联合在郑州举办首届"倡导中药足球，振兴中国足球"论坛，"中药足球"的理念是走出华南，迈向全国，在死水一潭的中国足坛投下一块巨石，所掀起的巨大波澜让整个足球界为之震撼。彼时的中国足协领导人对"中药足球"理念表示了充分的肯定，特别委派中超委员会秘书长、足协联赛部主任马成荃在会上代为宣读了亲笔致辞："祝首届'倡导中药足球，振兴中国足球'高峰论坛圆满成功！并向与会代表致意！让我们共同携手为中国足球健康发展努力。"河南建业足球俱乐部总经理杨楠，当地省市药监部门、卫生医药部门领导，医药经销商及包括CCTV-5在内的二百多家媒体出席了论坛。

合纵连横成为李楚源倡导的"中药足球"营销推广中的关键性思路，在2009年5月，这一思路达到了第一个高潮，这一理念也由此进入一个全新阶段。"以文常会友"，广州白云山和记黄埔中药有限公司、山东临淄足球博物馆、广州医药足球俱乐部、山东鲁能足球俱乐部四家携手主办"神农草堂中医药博物馆与山东临淄足球博物馆战略联盟签约暨'中药足球，足球中药'建言、献方仪式"。会上，白云山和黄的"神农草堂中医药博物馆"与"山东临淄足球博物馆"签订合作协议构建战略联盟，最专业的中医药博物馆和最专业的足球博物馆一起携手，共同在中药和足球两个领域打造中医药文化的影响力、穿透力、辐射力。

红罐王老吉：
从"三无"到销量冠军

　　2012年5月，广药集团依法收回王老吉红罐红瓶生产经营权并授权王老吉大健康公司生产经营红罐、红瓶王老吉凉茶。无生产线、无团队、无销售渠道，是当时王老吉大健康面临的"三无"难题。后来经过突破中药材原材料的封锁，打破罐盖包材的垄断，千方百计寻找产能，广建基地布局大江南北，红罐王老吉突围战首战告捷。接下来，就要解决快消品销售团队的问题。

　　于是，广药集团再次吹响"集结号"，从集团各部门紧急抽调经验丰富的骨干营销人员驰援大健康，先把公司的运营架构搭建起来。2012年5月11日，刚收回红罐王老吉的生产经营权，王老吉大健康随即开始向全国急招3000名快消品销售人员。当时的招聘环境并不乐观，即便如此，王老吉硬是通过特薪的方式在短时间内招揽了3000名人员。

● 红罐王老吉
成为销售冠军

这 3000 人来自五湖四海，又分布在全国 31 个省市自治区。作为一支崭新的团队，团队内部需要磨合，与具有十几年快消经验的竞品抢市场，王老吉面临着常人无法想象的困难。为了保证这支队伍的整体素质，王老吉大健康对这些"新兵"进行企业文化、相关业务的多种培训。同时王老吉大健康也抓紧制定团队目标、章程、职能、考核等相关制度，搭建从区域销售到经销商、批发商、零售商的架构，以及对物流链、资金链进行完善。

在竞争对手几近垄断的市场渠道下，开拓新市场业务的王老吉能否在短时间内打破"垄断"建立好自己的渠道是人们最初担心的事情。意识到这个问题，王老吉大健康经过详尽的调研，采取了"先超市后餐饮"的两步战略。

在 2012 年第三季度的凉茶销售旺季，王老吉主要对大型商超铺货，第四季度则转攻餐饮渠道。一方面加大投入大型餐饮连锁店，另一方面借助有一定实力的酒水经销商，提高餐饮渠道的市场份额。这么做也是因为与传统超市相比，以卖方为主导的餐饮渠道更难攻破。王老吉正是采取了先易后难的路线，把最难的放在了最后。

正确的策略让王老吉获得了渠道战的胜利。与此同时，在王老吉现有的经销商中，以原有渠道为基础继而开拓新装红罐王老吉市场的不在少数，王老吉品牌魅力使得其在渠道上完成了一个巨大的突破，这也正是其能够在上市一年多的时间里快速抢占市场的闪光点。

　　如今，红罐王老吉年销售额已超 200 亿元，占据了 70% 的凉茶市场份额，远销世界 200 多个国家和地区，品牌价值超 1080 亿元，成为"中国饮料第一品牌"。

● "凉茶始祖"王老吉在产品研发与创新的路上努力前行，在 2016 年推出无糖王老吉

新装红罐王老吉
亮相万里长城

"今天王老吉正式吹响走向世界的号角，我们信心百倍、满怀豪情，传承王老吉凉茶文化，做大做强民族品牌……"一声声气势如虹的宣言穿过万里长城，直冲云霄，这是2012年新装红罐王老吉在长城上市时，王老吉大健康团队发表的掷地有声的《长城宣言》。短短几年，王老吉市场销量稳步上升，在凉茶行业一路领先。王者已归来，但我们仍然忘不了那天红耀长城的画面……

2012年6月3日，创始于1828年的"凉茶始祖"王老吉迎来历史性飞跃：新装红罐王老吉在世界八大奇迹之一、中华民族标志性建筑中国长城举行了规模空前的"红耀中国、吉庆共享"红罐王老吉新装上市盛典。百年品牌红耀万里长城，8条长达5米写着大大的"凉茶始祖王老吉""凉茶就喝王老吉"等字样的条幅飘扬于长城上空，条幅下面，是新包装的红罐王老吉砌出的长城模型。而在长城上，红色王老吉的旗帜插满了城墙，一幅"中国红，民族义"的画面跃然眼前。

锣鼓声声，呐喊阵阵，一面火红大旗由红罐王老吉的营销团队与来自全国的近百位合作伙伴从长城脚下开始接力传递。就这样，守望相助、共攀高峰的精神在一次又一次的旗帜交换中传递开来，当大旗插上烽火台的那一刻，他们心中只有一个想法：要像爱护长城一样爱护"王老吉"这一民族品牌，一起打造中国的王老吉、世界的王老吉。

大旗登顶迎风飘扬，这时候，一座巨大的新装红罐王老吉包装亮相在长城之巅，"王老吉"三个大字映着火红的罐身显得格外显眼，这个包装有着什么特别的寓意呢？原来，红罐王老吉的包装上主要突出"凉茶始祖王老吉"这一行业地位，"王老吉"三个字采用了画轴状王老吉商标的字体，以红底黄字呈现非常醒目，罐身特别增加"中国结"等元素，展现王老吉这一品牌的民族性。

"广药白云山，爱心满人间"，值得一提的是，在这次发布会上，基于王老吉品牌创始于1828年，广药集团将成立1.828亿元的王老吉爱心基金，回报社会对王老吉品牌多年的支持。

如今，王老吉已稳居行业第一。雄关漫道真如铁，而今迈步从头越，王老吉人将继续铭记初心，砥砺前行，再创民族品牌新辉煌。

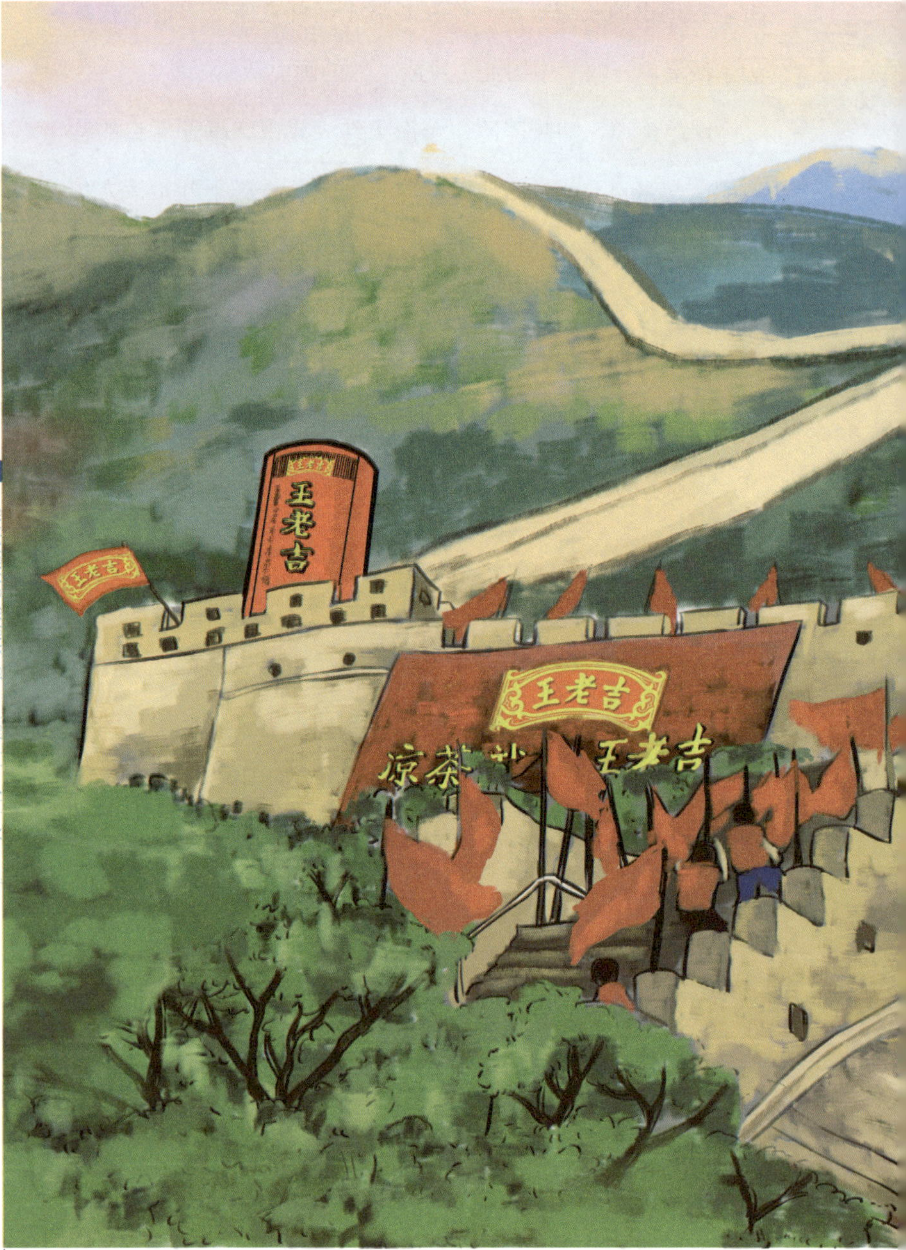
王老吉
王老吉
王老吉
凉茶
王老吉

● 新装红罐王老吉包装在长城之巅亮相

"金戈"为什么这样红?

作为首个"中国伟哥",金戈一直倍受外界的热议和关注,而最引人猜想的是,金戈能否在前有外资品牌堵截,后有其他国产"伟哥"追击的严峻环境下经得住考验,快速抢占市场。

但上市首年按零售价计突破7亿元的骄人业绩,及与中南大学湘雅医院开展的生物等效研究表明"金戈与原研品等效"的实验结果,给出了最好的答案。这都得益于金戈的整体策划和顶层设计,特别在上市前策划中,广药白云山副总经理王文楚亲自带领团队进行了一系列研究,包括品牌调性确定、包装设计、价格体系设计、市场策略定位等,在这些工作中充分体现了创新性思维的应用。

首先,金戈的命名,很好地兼顾了产品功能属性和文化传统,使人一听这名就觉得特别有内涵,又显得霸气十足。"戈"是古代中国武士所使用的一种兵器,"金戈"名取自南宋文豪辛弃疾的《永遇乐·京口北固亭怀古》"金戈铁马，气吞万里如虎"，而这句名言因其所展现的壮志豪情被世人所传颂，白云山"伟哥"命名为"金戈"，所表达的意思不言而喻。

作为药品，按道理是应走理性路线的，但金戈与普通药品不一样，它是一个隐私性产品，特别是中国男人比较传统，对于"不行"的困扰，总是讳莫如深，不敢正大光明地寻求解决。如果按药品治病的思路来营销，反而让人羞于用药。洞察到这点后，确立了走感性路线的大方向，并相应进行了包装设计。

白云山制药总厂大胆引进烟草包装设计公司为金戈设计包装盒，改掉了原来以蓝白为主色调的偏冷的风格，把包装盒设计成烟盒的形状，以金色为主打，采用光柱工艺和特殊材质，整体感觉金光闪闪，热情奔放，充满力量。而药片则设计成粉红色，金戈包装的"土豪金"和立体印刷的"粉色药片"相搭配，引发浪漫想象，营造温馨氛围。

金戈的成功主要取决于能否迅速进行市场扩容，而这涉及两个重要因素，一个是降价，另一个则是做市场教育，包括男科医生的教育和男科患者的教育，培训医生，教育患者消除误区，主动就医、吃药，因此，金戈的价格必须在消费者的经济承受力、企业为了扩容市场需要投入的教育成本中寻求一个较为合理的平衡点。经过研究，王总创造性地提出了"单次用药金额"这一概念，单次用药金额降到了48元，10粒装的每粒低至34.5元，连破100元、50元两个心理关口，比原研品单

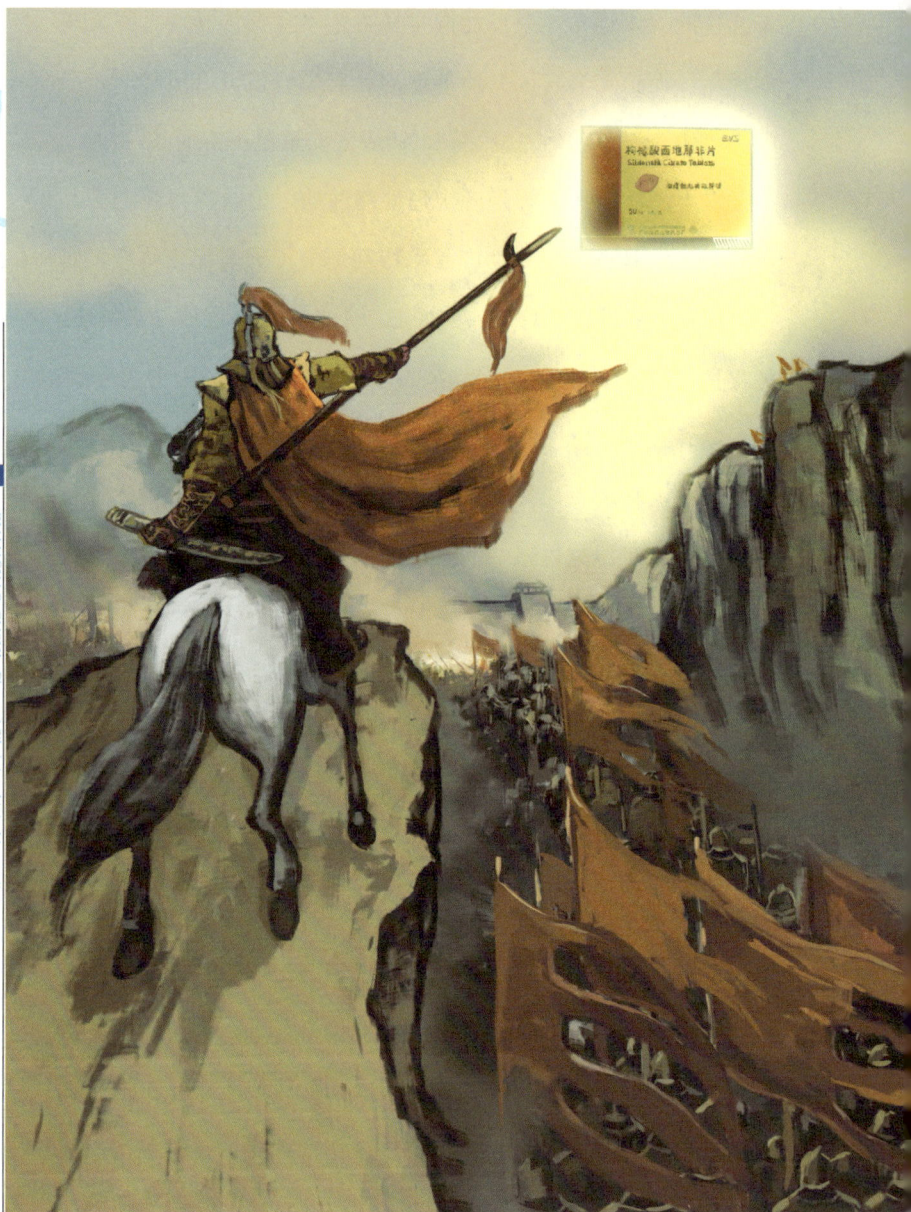

● "金戈"名取自南宋文豪辛弃疾的《永遇乐·京口北固亭怀古》
"金戈铁马，气吞万里如虎"

次用药金额下降了 60%，并以金戈确切的疗效冲击了 50 至 100元的补肾壮阳保健品市场。价格成了消费者选择金戈的重要因素，为金戈迅速打开市场奠定了基础。

金戈的营销，非常成功地运用了新闻这一宣传利器，在短短 3 个月时间里高效地召开了 3 次新闻发布会，利用外界对"首个中国伟哥"的各种讨论和猜测，因势利导，借助全国媒体的宣传报道，使金戈迅速成为大家茶余饭后的谈资，从默默无名到爆红。可以这么说，金戈就像一根导火索，把隐藏在人们心中对男性健康的重视公开化，消除了"伟哥是妖魔鬼怪"的错误认识，使人们更加重视 ED 对男性健康、对和谐家庭的伤害。据中国性学会的临床数据统计研究，近 1 年来，ED 的就诊率提升了 3 个百分点。

中国健康好声音响彻达沃斯

在海拔 1500 多米的瑞士兰德瓦瑟河畔，有一个叫达沃斯的小镇，达沃斯虽小，却遐迩闻名。每年，全球的顶级政要和企业领军人物都会齐聚这里，共商经济大势。2015 年年初，达沃斯迎来了一位重要的客人——广药白云山董事长李楚源。广药白云山是第一家出席达沃斯论坛的中国医药企业，从此，这里有了中国医药企业的声音。

2015-2020 年广药集团共出席了 6 次达沃斯论坛，自此中国药企声音在达沃斯唱响。

在达沃斯论坛上，广药集团国际"朋友圈"不断扩大。李楚源董事长借助论坛先后与辉瑞、百事、西门子、飞利浦、通用、雀巢、赛诺菲、微软、波士顿、俄罗斯希斯特玛等多家全球巨头进行了会谈，并在多个项目上达成共识。广药集团通过达沃斯论坛积极汇聚国内外资源，搭建好平台，并有效转化为企业增长动能，引资引智引技的成效十分突出，广药的国际"朋友圈"不断扩大，加速了广药国际化的步伐。

在达沃斯论坛上，广药集团畅谈"健康哲学"。广药集团在全球首倡"时尚中药"，如今，时尚中药的理念吸引越来越多消费者的目光。在达沃斯论坛上，广药集团提出了"人类健康哲学"的命题。怎么样使得人类的医学费用下降，人类的生活质量又提升，是一个值得关注的问题。中西医各有侧重点，要倡导中西医并重，可以相互合作，取长补短，健康不仅是门科学，更是一门是哲学。广药拥有全球历史最长的中医药制厂，将依托强大的产业基础，深厚的中医药历史文化底蕴，强大的科技创新体系，推进健康哲学的发展，持续为人类的健康事业做出贡献。

在达沃斯论坛上，广药文化得到传播。广药集团积极向参与达沃斯论坛的嘉宾展示包括葫芦文化、凉茶文化在内的中华医药文化，将广药葫芦作为广州手信赠送给与会嘉宾，寓意吉祥、健康、福禄的"广药葫芦"受到众多外宾的青睐。在2019年达沃斯论坛广州城市形象国际传播推介会上，广药集团王老吉凉茶亮相，受到了广泛关注，与会嘉宾纷纷驻足品尝。

除此之外，广药集团旗下白云山板蓝根颗粒、口炎清颗粒、灵芝孢子油、金戈、滋肾育胎丸、风油精、头孢克肟胶囊等明星产品也一同展出，成为宣传千年商都的一张靓丽名片。

达沃斯是广药白云山倾听世界声音的好机会，同时也是让世界了解广州、了解广药白云山的一次机会。广药集团的达沃斯故事正在书写。

"中药＋时尚" 创造疫后新经济

"中医药不仅是医学，也是一门哲学，通过中药与多个产业的跨界合作，推动中医药与衣食住行有机融合，形成消费时尚，是中医药发展的一条新路径，也是疫后新经济、新产业之一。"正在参加2020年"读懂中国"国际会议的广药集团董事长李楚源向与会嘉宾这样介绍道。

《中国疫病史鉴》中记载，从西汉至今，中国至少发生过300多次大型瘟疫，每一次瘟疫到来，中医药都在斗争中壮大自己，在胜利后创造时尚。其实在2016年广药集团就提出打造"时尚中药"理念。通过最先进的科研技术，用当下年轻人易于接受的市场推广模式，打造当下普罗大众最需要的健康产品，并提出了四条路径：中药现代化、国际化、科普化和大众化。这次新冠疫情则给广药集团推动中药时尚化带来了更多的启发。

在国家及各省新冠肺炎诊疗方案的中药产品，广药集团在产的就有 10 个。广药集团通过旗下 10 个国家级科研平台，加快中药临床循证研究，与钟南山院士团队已经从板蓝根中发现了多种抗流感病毒药效成分，白云山板蓝根、复方板蓝根的科研成果在澳门进行产业化。同时，许多人在市面上可能看到中药凉茶和香囊防疫等小妙招，广药集团研发的"一号预防方"凉茶、"二号预防方"凉茶和中药防疫香囊就大受欢迎，销量近百万个。

中医药蕴含着"辩证思维""阴阳均衡""整体观"等哲学思维，与天文地理、环境气候、膳食营养甚至穿着打扮和心情好坏都有关联，中医药本身就是一门"杂学"。疫情期间，广药集团已经围绕着"中药＋时尚"开展了多项合作和探索。

在"衣"方面，广药集团与例外时尚集团和方所文化集团计划研发中医药服饰产品；在"食"方面，广药潘高寿与百事桂格联合打造了中国首款营养燕麦稀；在"行"方面，广药集团与广汽集团探讨研发车载中药香氛保健技术；在"住"方面，与例外和方所积极研发中药枕头、眼罩等居家用品，还将探讨开发"中医药装修涂料"等，推动"中药时尚化、时尚中药化"。

除了中药以外广药集团敢于于"危机"中寻"机遇"，勇于化"风险"为"先机"，紧抓疫后经济新机遇，探索新发展路径。

贵州刺梨一直养在深闺人未知，广药集团以刺梨为原料，

● 工程院院士钟南山与广药集团党委书记、董事长李楚源一起走进直播间，推广时尚健康扶贫产品刺柠吉

开发了刺柠吉饮料、气泡酒等系列时尚健康产品，并邀请了钟南山院士走进直播间科普贵州刺梨营养价值，与羽毛球世界冠军林丹携手组成"林丹妙药"组合，发放 2 亿元扶贫消费券，助力打造刺梨百亿时尚生态产业。

疫情带来数字经济、"宅经济"蓬勃发展，广药集团也在积极推动商业模式的转变。疫情期间，广药通过承担"穗康"网约口罩服务，建立了"互联网＋健康"的新渠道，目前"穗康"已成为广州疫后互联网服务的一张闪亮名片。

新冠疫情对全球经济都造成较大影响，但也有新机遇新产业正在诞生，无论世界如何变化，健康产业永远是刚需。健康产业和各领域的跨界合作势必将成为下一个"风口"。而"中药＋时尚"正是一条全新的路径，必将催生更多的新品推出、产品迭代、产业升级，成为拉动中国经济增长的重要引擎之一。强势进发的广药集团正继续围绕医药健康优势领域，建立先进的创新药物研发体系，开发医药行业高水平的创新药物以及健康产品，推动产业高质量发展，更好造福人类健康。

中医药对话世界

2021年3月2日，世界上最长寿中药企业与西药企业达成了一场"联姻"。

中国领先的生物医药与健康企业广药与全球领先的科技公司默克签署战略合作备忘录，双方将依托粤港澳大湾区在生物医药建设领域的发展优势和开放机遇，在产品研发、业务模式创新、市场拓展等方面进行深入探索与合作。

"我们希望通过与中国健康领域领头羊广药的合作，在粤港澳大湾区进一步强化医药健康产业的创新能力，提高高质量药品的可及性，惠及更多中国及全球患者。"默克全球执行董事会主席兼首席执行官这样说道。其实广药已扎根大湾区多年。

时间倒回2020年1月3日。在欢庆澳门回归祖国20周年刚刚过去之际，广药集团（澳门）国际发展产业有限公司正式成立，该公司由广药集团联合广东省驻澳门龙头企业南粤集团、澳门企业城邦环球有限公司共同合资成立，定位为广药国际化业务的对外窗口，旨在深化粤港澳大湾区医药领域合作，助力澳门经济适度多元发展，加快广药集团国际化布局。

"预祝广药集团在澳门成立广药集团（澳门）国际发展产业有限公司为澳门经济适度多元发展作出贡献，推动产业多元化，为澳门带来新气象。"澳门特别行政区行政长官贺一诚在致信中这样写道。事实上澳门总部正朝着双方期待的方向发展。

● 在欢庆澳门回归祖国20周年刚刚过去之际，广药集团（澳门）国际发展产业有限公司正式成立

2020 年 11 月广药集团、广州呼吸健康研究院和澳门科技大学正式签订"白云山板蓝根研究成果澳门转化备忘录",成为澳门国际总部成立后的首个落地项目;为了拓展澳门国际总部产业发展空间,广药集团还在粤澳中医药产业园设立了广药(珠海横琴)医药产业园有限公司,定位为医药研发产业化平台,将引入新药研发、医药供应链、中药提取等项目。2021 年 2 月,贺一诚特首调研广药集团,对广药参与粤港澳合作的成果给予充分肯定。

广药国际化的朋友圈正不断扩大。通过达沃斯论坛、博鳌论坛等国际性会议，加强与世界500强企业合作对接，与沃博联、百特等世界500强企业成立了多家合资企业，与百事、武田等多家跨国企业成为战略合作伙伴。

除了产业合作以外，广药集团还致力于推动中医药文化走向世界。2019年亚洲文明对话大会期间，中国多地举行文化交流盛宴，推动亚洲乃至世界文明共融、构建人类命运共同体。而与此同时，大洋彼岸的奥克兰，也正在上演一场以文化为主题的国际性交流合作。

5月18日，广州、奥克兰和洛杉矶三城举办经贸合作活动。广药集团作为随团企业也参与到活动中，开展了"以中医药文化对话世界"系列活动。在这次活动中，广药集团牵手新西兰奥克兰大学设立了首个海外奖学金——"新西兰王老吉吉祥文化传播使者"奖学金，同时赠予奥克兰大学孔子学院"神农草堂中医药文化传播中心"牌匾，并开展了"中医药吉祥文化展"等一系列活动，成功在大洋洲掀起中医药文化热。从2018年起，王老吉先后在纽约、东京等地开设海外凉茶博物馆，并在多地举行凉茶文化全球巡回展，推动着中医药文化和吉祥文化走向世界。

从纽约大湾区，到东京大湾区，到南半球的新西兰，再到如今的粤港澳大湾区，广药正乘着全球化的东风，打造国际交流新模式，与世界展开全新"对话"。

广药的 "财富" 之缘

2019 年 11 月 7 日，来自创新经济领域的世界级领导者们齐聚一堂，品尝到王老吉凉茶、王老吉刺柠吉复合果汁、白云山矿泉水、广药牌灵芝孢子油等广药名优产品，并给予了高度赞美！彼时彼景，正发生在以 "创新，共建美好未来" 为主题的《财富》全球科技论坛现场。会上，王老吉葫芦、神农草堂酒字门等广药集团标志性形象树立在醒目位置，吸引各位嘉宾拍照留念，打卡发圈！

《财富》全球论坛被誉为 "把握世界经济走向最清晰和最直接的窗口"，2017 年，借《财富》全球论坛到千年商都、南国明珠广州召开的契机，作为《财富》年度重磅活动的《财富》全球科技论坛也永久落户广州，受到了全球的高度关注。《财富》全球科技论坛在广州的落户与召开，为广州着力建设国际大都市、实现老城市新活力和 "四个出新出彩" 注入了新的创新源泉。作为从广州走向全国、全世界的企业，广药集团也以《财富》全球科技论坛为平台，加快国际化步伐，让世界感受广府魅力。

　　说起来，广药集团与《财富》论坛有着深厚的合作渊源。2017年《财富》全球论坛刚刚落户广州，广药集团就成为战略合作伙伴并成功承办"医疗的未来"圆桌会议；2018年成为《财富》全球科技论坛的特别支持单位；2019年又受邀作为《财富》全球科技论坛的首席合作伙伴。每一年，广药集团都充分把握论坛机会，展现广药及广州的风采魅力，为打造全球经济、文化共同体做出了独特的贡献，努力把广药集团打造成中国医药

● 广药集团与《财富》论坛有着深厚而长远的合作渊源

企业的"世界名片",为世界健康提供"广药方案"。

2019年,广药集团作为论坛首席合作伙伴,除了在会场多处展示"广药元素",旗下王老吉凉茶、王老吉刺柠吉复合果汁和白云山矿泉水将作为论坛官方独家指定饮料,白云山汉方生产的广药牌灵芝孢子油将作为论坛官方指定礼品,让世界品尝"广府味道"、感受中医药养生智慧。

始创于1828年的"王老吉"被誉为"中国饮料第一品牌",而刺柠吉系列产品是广药集团对口帮扶贵州刺梨产业发展的全新成果,也是广药集团大健康板块的重磅新品。白云山矿泉水源自大别山深处的原始森林腹地,饱含多种微量元素。王老吉凉茶和白云山矿泉水曾先后亮相2017《财富》论坛"医疗的未来"圆桌会议、2018《财富》全球科技论坛、2018年世界航线发展大会等国际盛会。白云山汉方生产的广药牌灵芝孢子油更是同类产品中首个登录央视的品牌,是广药集团以现代科技创新传统中药精心打造的"时尚中药",高倍浓缩灵芝精华营养,含有活性成分灵芝麦角甾醇,具有提高免疫力作用,目前已获得9项国家发明专利授权。

在广州举全市之力推进粤港澳大湾区建设之际,扎根于广州、成长于广州的广药集团也全力以赴打造具有产业特色、文化鲜明的世界一流企业,争当建设粤港澳大湾区的排头兵,在加强创新的同时,把"走出去"作为企业发展的战略实施路径。

全球首家！
以中医药为主业迈入世界 500 强

2021 年 8 月 2 日，对全体广药人来说具有非凡意义——被视为衡量全球大企业发展的权威榜单 2021 年《财富》世界 500 强榜单新鲜出炉，广药集团首次上榜，排名第 468 位，成为全球首家以中医药为主业进入世界 500 强的企业，这是彪炳广药集团历史的重大事件，是广州建设中医药强市、广东省建设中医药强省的重大成果，同时，也是中医药做强做大、走向世界的重大突破。广东省人民政府、广州市人民政府等政府、学界、社会团体、国际权威机构分别以不同形式向广药集团表达祝贺，并以"一枝独秀"四字高度评价广药集团在中医药领域所取得的成就。

广药集团是中国最大制药企业、中国最大中成药生产基地，拥有上市公司"白云山"及 30 多家企业，已形成大南药、大健康、

● 广药集团是全球首家以中医药为主业进入世界 500 强的企业

大商业、大医疗等 4 大业务板块。其中，中药业务别具特色，拥有 12 家为中华老字号，有 10 家超过百年历史，数量占据全国医药行业老字号的半壁江山，被誉为中医药的"活化石"。

作为全球历史最悠久的制药企业，广药集团的历史可以追溯到明朝万历年间，1600 年始创的陈李济。如今拥有 421 年历史的"陈李济"是通过吉尼斯世界纪录认证的全球最长寿药厂，拥有 193 年历史的"王老吉"素有"凉茶始祖"的美誉，还有"敬修堂""采芝林""明兴""奇星""光华""何济公"等一众老字号品牌都在国际市场上享有盛誉。

如今，广药集团拥有星群夏桑菊、王老吉凉茶、陈李济传统中药文化、潘高寿传统中药文化等 6 件国家级非物质文化遗产。华佗再造丸、复方丹参片等心脑血管类中成药，板蓝根、小柴胡颗粒等清热解毒类中成药，滋肾育胎丸、舒筋健腰丸等滋补类中成药的市场份额均排名全国前列。

中医药要实现"老树开新花"，需要开辟新的发展路径。为此，广药集团提出"时尚中药"发展理念，通过推动中医药与其他产业的跨界合作，让中医药"潮"起来。2020 年，广药老字号"潘高寿"与百事旗下燕麦品牌"桂格"跨界合作，联合推出猴头菇燕麦稀和阿胶燕麦稀，掀起了国潮养生热。以时尚、健康为理念，广药集团还以贵州高维 C 水果刺梨为原料，开发了刺柠吉系列产品。目前，广药集团正积极研究开发荔枝饮料等新品，振兴广东荔枝品牌，助力中国乡村振兴事业。

在全球经济一体化的形势下，加强国际化合作是中国企业发展的必由之路。广药集团通过《财富》论坛、博鳌亚洲论坛等国际会议，进一步深化与世界500强企业的合作。今年3月，广药集团与默克集团签订了战略合作备忘录，双方将在产品研发、业务模式创新、市场拓展等方面开展系列合作。

为了加速国内与国际市场的融通，广药集团在澳门成立了国际总部，致力于推动粤港澳大湾区医药领域合作，助力澳门经济适度多元发展，加快广药集团国际化布局，为健康湾区、健康中国建设提供"广药方案"。

中国企业迈向世界除了推动产业创新发展，更需要坚定文化自信。据悉，广药集团正在建设岭南中医药博物馆，计划打造一个集博物馆、种植园、主题游乐园、酒店住宿、健康养生、休闲购物为一体的国家5A级旅游景区，面向海内外弘扬中医药文化。

站在世界500强的新起点，广药集团将立足发展新阶段，积极融入国家"十四五"战略发展规划，打造独具产业特色、文化鲜明的世界一流生物医药与健康企业，致力提高人类健康水平、降低医疗费用，为世界提供健康方案，让"广药白云山，爱心满人间"。